年轻的力量

香港航空服务创新之路

童泽林 编著

Young Change Makers
The Road to Service Innovation
at Hong Kong Airlines

北京大学出版社
PEKING UNIVERSITY PRESS

图书在版编目（CIP）数据

年轻的力量：香港航空服务创新之路 / 童泽林编著. —北京：北京大学出版社，2016.11

ISBN 978-7-301-27765-2

Ⅰ.①年… Ⅱ.①童… Ⅲ.①民用航空—商业服务—研究—香港 Ⅳ.①F562.865.8

中国版本图书馆 CIP 数据核字（2016）第 273818 号

书　　　名	年轻的力量：香港航空服务创新之路 NIANQING DE LILIANG
著作责任者	童泽林 编著
责任编辑	刘　京
标准书号	ISBN 978-7-301-27765-2
出版发行	北京大学出版社
地　　　址	北京市海淀区成府路 205 号　100871
网　　　址	http://www.pup.cn　新浪微博：@北京大学出版社
电子信箱	em@pup.cn　QQ：552063295
电　　　话	邮购部 62752015　发行部 62750672　编辑部 62752926
印刷者	北京中科印刷有限公司
经销者	新华书店 720 毫米 ×1020 毫米　16 开本　13.75 印张　214 千字 2016 年 11 月第 1 版　2018 年 1 月第 2 次印刷
定　　　价	68.00 元

未经许可，不得以任何方式复制或抄袭本书之部分或全部内容。
版权所有，侵权必究
举报电话：010-62752024　电子信箱：fd@pup.pku.edu.cn
图书如有印装质量问题，请与出版部联系，电话：010-62756370
封面照片系由张建设拍摄，特此感谢。

愿香港航空
为乘客、员工、社会创造更多精彩！

推荐序

香港情怀暖入心

因为工作的关系我经常要飞到世界各地,出入各国机场贵宾室,但没有一间像香港航空贵宾室"紫荆堂"一样,给我家的感觉。

家的感觉是什么?或可从他们的欢迎饮料蜂蜜姜茶说起。每次踏入贵宾室,港航职员都会送来滋润暖胃的蜂蜜姜茶,这茶有种奇异的魔力,往往吸引我添饮再添饮,后来职员记得我的口味,改用容量较大的咖啡杯装茶,有时甚至替我把茶装进保温壶带上飞机,这是我和贵宾室之间长年累积下来的小小默契。老实说蜂蜜姜茶不是什么昂贵的饮品,但这份心意绝对无价。

作为香港人,我对这个地方有着深厚的感情,过往几年拍电影、做电视综艺节目,也喜欢以香港情怀做题材,我想这也是我跟香港航空特别投契的原因——因为她扎根香港,也致力于将香港推广至各地。我常跟朋友介绍港航贵宾室的餐点,有鸡蛋仔、车仔面、豆腐花,还有我每次必点、足料又美味的生菜鱼肉,通通都是最地道的香港小食,而且即叫即制,保证新鲜热辣。在贵宾室吃过几碗生菜鱼肉后,上飞机就可以直接呼呼大睡,十分爽快!

在我心目中,香港航空是我穿梭国内航点的最佳选择。不管往返上海、北京、成都还是福州,只要踏上港航的客舱,看见同声同气的空姐空少,观看客舱播放的耳熟能详的港产电影和节目,我就感到无比暖心和自在,可以暂时放下烦恼,专心享受舒适的航程。这几年间,港航商务舱服务不断提升,餐点越来越精致美味,又引入了180度全平躺座椅。所有这些不仅仅是我,所有乘客都有目共睹。

香港航空今年成立十周年,我很高兴能够见证她的成长和进步。记得以前贵宾室只有 30 个座位，随着港航拓展业务，面积扩大数倍，服务也越见专业和贴心。2014年紫荆堂开幕，我也是嘉宾之一，最难忘的是当日仪式过后，我在紫荆堂多逗留了一会儿，跟一众职员像老朋友般有说有笑，度过了一个温馨的下午，差点忘记自己在工作！我想是香港航空由心出发的服务精神，感染了上上下下的员工，也令每一位客人，在享受服务的过程中，感受到诚意和温暖。

十周年对一家航空公司来说还很年轻，而年轻是最大的本钱，意味着前途无可限量。我衷心祝愿香港航空未来不断进步，为乘客带来更贴心的服务，将香港情怀发扬光大。

曾志伟

2016 年 9 月 28 日于香港

为香港航空而自豪

2016年，是香港航空有限公司（下称"港航"）成立10周年的日子。相对于其他以香港为基地的航空公司，如国泰航空70周年、港龙航空31周年而言，的确是相当年轻。然而，年轻不但未对港航团队构成压力，更鼓励他们做出更多创新的尝试，务求为乘客提供既专业、又难忘的舒适飞行体验。

对作为飞行常客的我而言，在选择航空公司时，顾客的口碑当然是一项重要的指标。尽管我体验港航的服务次数并不多，但却发觉身边不少朋友已成为港航的常客。每次回来，他们都会不时提及港航暖心体贴的服务，不少年轻朋友更已成为港航的忠实粉丝，不时互相分享港航最新的机票折扣、套票优惠和航点等。记得有一次我路过铜锣湾，更见到一群活力充沛的空姐和空少与一些装扮成"毛利人"的舞者在街头载歌载舞，活力四射，吸引了不少路人驻足欣赏。这一切均充分显示出港航在市场策划上的用心，成功设计出符合港人旅行消费模式的旅游产品。

这本新书中，不少故事的确令人感动：例如在下班途中主动对车祸伤者施以援手的空姐；热心护送老人过关深圳乘坐火车的地勤人员；在国外无私帮助遗失钱包的留学生的地勤服务经理；在空中为手臂颤抖旅客三送咖啡的乘务员……在阅读这些小故事时，确实使人津津乐道，同时亦体现出香港航空优秀的人才培训和以人为本的服务精神。我衷心希望有更多年轻人，以及正从事服务行业的人士能够阅读到此书，从中获得启发，有所裨益，使香港的明天更加美好！

祝愿香港航空越飞越高！

张国钧
香港立法会议员、太平绅士
2016年10月20日

年轻的力量
香港航空服务创新之路

恭贺香港航空成立十周年

我很喜欢香港航空这个团队,因为我们的性格很相似。

我热爱赛车,因为喜爱速度的感觉,要快,还要畅快。热爱的程度,甚至到要在中环推动 Formula E 赛事。凭着香港人敢于挑战的精神,就把这个不可能的梦想做成了享誉国际的香港盛事。

同样,香港航空以香港为基地,航线就是点对点从香港直航出发,不用转机等了又等,这就是我喜爱的快,就是香港人的速度。十年来,香港航空敢于开拓多个新航点,从中国、东南亚的主要城市,面向全球的潜力航线,近年来更冲出亚洲,开办澳大利亚、新西兰等航线,实现了无数乘客的梦想旅程。也许就是这份投缘,十年来,我一直留意着这家既年轻又有活力的航空业界新星。不经意间,香港航空已经成为许多香港人首选的航空公司。

我和香港航空还有一个相同的理念,就是"做生意不忘回馈社会"。

我一向热爱参与各界的公益事务,并与香港航空致力于履行企业社会责任一样,重视可持续发展和培育年轻新一代。其中,我特别欣赏香港航空的"飞上云霄"学生航空体验计划,这是一项广受学生及家长欢迎的教育活动,为来自不同学校、不同背景的学生提供体验航班运作的机会,让年轻人更了解航空业,激发他们飞行的梦想,让梦想持续飞行。

很年轻,好香港,祝愿香港航空飞得更高更远!

香港太平绅士紫荆勋章获得者
2016 年 10 月 28 日

香港航空是中国女排队的知音

香港是FIVB（国际排球联会）世界女排大奖赛的举办地，中国女排队每年夏季都会来到香港参加这一盛大赛事，其中有几次乘坐的是香港航空的航班，也许是气质相近、缘分足的缘故，在双方短暂的接触过程就产生了深厚的友谊，此后的多次活动中双方配合，相互支持。

随着对香港航空充满活力的服务体验次数的增加，对香港航空这家公司了解的加深，我们惊奇地发现：香港航空是中国女排队的知音！

为什么这么说呢？中国女排队在今年巴西里约奥运会上"意外"获得金牌后，各类媒体又广泛提到了"中国女排精神"，我们当时就说："不要赢球就谈女排精神，单靠精神不能赢球。"一时间很多人不理解，但是我们在香港航空很快找到了共鸣，中国女排队从巴西回来在香港停留期间，我们的队员与香港航空的员工球队就有了一次愉快的交流和互动。

尤其是当他们向我们展示《年轻的力量：香港航空服务创新之路》这本书稿时，更加坚定了我们的判断，在某种意义上讲，香港航空这些年在服务创新和服务提升方面的许多做法与中国女排队的做法是相通的，也许这就是古人所说的"大道相通"吧。

例如：

第一，我们在带领中国女排队之初就订下了几个"小目标"，结果是一步一步地得到实现。香港航空作为航空运输企业，他们对服务提升和服务创新的目标很明确，也是一步一步由四星级航空公司到最佳区域航空公司前三甲。

第二，中国女排提倡"大国家队"，广泛选拔优秀队员。香港航空也在"请对的人"方面下足了功夫，他们在招聘服务人员时就特别看重申请人在自然状态下表现出来的服务态度和服务意识。

第三，中国女排传承了永不放弃的"女排精神"，并通过专业训练，尽快帮助新球员找到打球的感觉和乐趣。香港航空也在他们的服务实践过程中提炼总结出了"PEOPLE"服务文化，进入公司的新员工经过专业培训后再服务乘客，并提倡把乘客当成朋友和家人，帮助一线员工体验把快乐传递给每一位乘客的成就感。

第四，中国女排队在科学训练的同时，认真研究对手，根据对手特点大胆创新，形成新的打法。香港航空也是认真研究乘客需求，详细分析乘客出行与航空公司接触的 11 个环节，列出乘客期望与公司现有服务之间的差距，并通过持续创新来保持服务优势，弥补服务不足。

第五，中国女排队员认真训练、用心打磨技术细节，认真对待每一次接球，做好每一天。香港航空的服务人员用心服务每一位乘客、许多服务在细微之处见真情，本书中的故事个个真实、感人。

第六，我们在与香港航空员工女排队交流过程中提到："一个人的力量再大也抵不过团队的力量"。香港航空同事们的工作也是各司其职，尽力保障一个又一个的航班安全、准点起飞。特别是他们让飞机时刻保持适航状态的做法，对我们女排队员调整和保持自己的状态很有启发。

相通之处还有很多，不再一一列举。总之，中国女排队和香港航空都在认真做事。正如华为任正非先生所说，13 亿人每个人做好一件事，拼起来就是伟大祖国。认认真真做事的人最靓！祝福中国女排队的知音——香港航空，服务越来越好，越飞越高！

中国女排主教练
2016 年 10 月 5 日于旅途中

推 荐 序

探寻香港航空服务创新的秘密

从20世纪80年代工业生产北移，香港的经济经历了蜕变，由轻工业主导进入到服务型经济时代。过去二十年，香港服务业迅速崛起，主导着香港的经济发展，2015年服务业的生产值占香港本地生产总值93%以上。香港四大支柱产业——金融业、贸易及物流、专业服务及旅游业都是服务型行业，支持并推动了香港经济的持续发展。作为服务净输出地，单单旅游服务和运输服务就贡献了超过350亿美元的生产总值，同时亦提供了就业岗位。而香港机场和民航服务在其中的作用可谓功不可没！怎样的服务才可以带来这么大的经济回报？香港的服务业有何过人之处，为香港带来这等经济价值？在当前政府大力提倡科技创新之际，香港服务业当如何善加利用此机遇，更进一步发挥优势？香港航空作为一家以服务香港为本的航空公司，是了解香港服务业长处的绝佳学习案例，而此书所叙述的不但是一个航空公司发迹的成功故事，更是一本服务管理及服务创新的参考书。

香港成熟的民航业不但增长快速，而且竞争非常激烈。2015年的人流量达6 850万人次，货运量达440万吨，国际客运全球排名第三，货运已连续六年排名全球第一。每日有接近100家国际航空公司的900班飞机在香港出发，飞行网点包括全球的160个城市。航空公司要在香港经营，面对的挑战很多，在机场接近饱和的营运情况下，就连争取一个新航线的起降空挡都很不容易。

香港航空2006年在香港成立，今年庆祝十周岁。在短短的十年里，香港航空已经发展成为初具规模的航空公司，目前香港航空拥有29架客机和5架全货机，飞行网点已达35个国际城市。公司的发展成绩是香港人有目共睹的，与此同时，香港航空亦为香港人出门旅游带来多一个优质的选择。本书作者把香港航空的十年成就归纳到公司在持续服务创新的努力上，书中更详细描述了服务创新的十个关键力量。

优质的服务，以顾客为本的服务标语及口号，在香港无论是在商场、酒店、零售店、交通工具、专业机构、政府部门都随处可见，但要具体落实优质服务，并能持续实施服务创新，却是一门不折不扣的学问。

本书把香港航空在服务创新的成就，通过三个篇章进行阐述，为我们揭示了航空服务的本质、管理服务和服务团队的要诀以及如何把服务的精神和价值植入服务者的工作和生活中。作者细述了香港航空作为一家航空服务公司非常重视乘客服务，这不单是给予乘客飞行服务，她提供的更多的是一种贴心的、切合乘客需求的服务。此外，灵活、热情的服务也是香港航空可以在列强割据的航空业立足的重要因素。

书中的第一部分分析了香港航空前线员工的服务活力，真诚、热情和行动成为为乘客提供活力服务的力量。他们了解客户真正需要的服务是什么，既不是提供僵化的标准服务，也不给乘客不必要的服务——那是过犹不及，徒增烦恼。为乘客提供真正需要的服务就是最贴心和最恰好的服务。当然，每个乘客的需要都有不同之处，如何勇于尝试地提供相应的服务，是服务创新的妙方。笔者很欣赏香港航空在服务乘客时提到的一个想法，即乘客在不同的服务接触点上的需求是不一样的，所以提供的服务重点也应不同。从查询航班信息、购买支付、托运行李、候机、登机、空中服务直到下飞机，整个服务链上每一个与乘客接触的环节，都是为其提供最恰到好处服务的机会。而且本书提出以人为本的服务态度，更是让香港航空的员工和乘客建立了亲和的关系，不但得到很多乘客的赞赏，更使香港航空得以快速成长。

除了前线员工的努力，后勤人员及管理层的支持和协调也是不可缺少的一环。本书第二部分诠释了香港航空在管理上如何协助员工提供活力服务。管理层对前线人员的放权、支持和包容是香港航空取得成功的重要原因。如香港航空的管理层给予员工在客户服务方面莫大的鼓励、弹性、支持及协助。除了为员工提供职业培训及在职培训外，还举办研讨会、专题活动，让各部门各职级的同事一起参与，更是加强了同事间的团结，让彼此了解对方的工作和难处，通过内部工作的协调和同事间的互相理解，减少了不必要的内部误会和资源浪费。

在信息科技、大数据和物联网等新兴技术的推动下，香港服务业也正在进行一次更新及改革活动。在人人讨论科技，创新工业迈向工业4.0的科技时代，服务业应如何利用新科技，进一步提高服务质量，是目前很大的讨论题目。服务创新就是把现在已有的优质服务做得更好。2012年香港航空举办了一次大型的服务设计大会，不但让各部门同事参与，而且会后各主管更召开闭门会议，坦诚指出整个服务链各环节存在的问题，共同研讨解决方案，公司高度重视此活动，当时的总裁更是全程参与并大力支持。最后更在服务设计大会上总结了40项工作清单，并一一落实。为香港航空的服务质量带来了一次大跃升。

决定一家公司能否在一个行业生存、成长及壮大，最重要的还是公司的文化及管理价值。本书中的第三部分论述了香港航空的核心能力为传递快乐、拼搏精神及勇于负责。公司把这些能力化为企业文化及价值,植入团队的工作甚至生活之中,并且积极履行企业的社会责任。赚钱是每家公司的目的,但不应是唯一的目的。不以赚钱为唯一目的,公司自然就会得到社会及顾客的尊重和惠顾。

《年轻的力量》一书叙述了香港航空这十年间很多精彩励志的故事,除了可读性强以外,同时,更是学习香港航空服务业及如何管理服务团队的不可多得的案例材料。

张惠民教授
香港中文大学亚洲供应链及
物流研究所所长
2016年10月30日

香港航空的"心之力"

　　香港航空公司十年历史，北京大学案例研究中心二十年历史。作为北京大学案例研究中心的创始主任，我很高兴看到童泽林博士写作并出版《年轻的力量》这本兼有案例与企业史性质的书，我相信本书具备这两种价值。

　　童泽林博士是我在北大MBA课堂上结识的访问学者。为了形象地表达心力与臂力一样是可以练成的，我要求听课者们较量手劲，最后胜出者与我较量。结果在70多人中，童泽林博士胜出，然后他与我较量了一把，让我领略了一个青年学者的"年轻的力量"。我祝愿这两种年轻的力量助香港航空继续腾飞。

北京大学教授、博导
新华都商学院理事长
2016 年 10 月 28 日

推荐序

年轻的力量
——写给有活力的香港航空公司

我一口气读完了这本《年轻的力量：香港航空服务创新之路》，随着阅读的深入，我的热血开始沸腾。

香港航空，是一个充满活力的航空公司，她的活力来自香港航空的服务创新，她的活力来自香港航空人良好的服务意识，她的活力来自香港航空的服务文化和制度，她的活力来自香港航空的社会责任。

香港航空十年发展之路，是服务创新探索之路。在一个充满赞赏文化的环境里，在一个科学合理、灵活授权、充满活力的制度下，没有包袱，坚持顾客导向的创新在香港航空蔚然成风。一切以社会发展需要为出发点、以顾客需求为导向的服务创新，不仅体现在制度的设置、标准的建立、流程的融合、服务产品的推陈出新，更体现在员工对顾客的重视。为音乐人提供特别定制的箱子，保护乐器免遭托运途中受损是服务创新的必然，更是"给顾客一个圆满交代"的结果。

香港航空十年发展之路，更是良好服务意识传播之路。用心、用脑、用情的服务不仅让香港航空保持长期发展活力，更让香港航空人努力去做好每一件事情，并让乘客满意。本书大量的案例描述，展示了香港航空的服务意识，让我们看到了香港航空用心、用脑、用情为乘客服务并尊重乘客的行为。从香港航空 Happy Angle 的服务项目来看，帮助乘客很好地解决了带孩子乘坐飞机的麻烦；乘务员送餐时不打扰熟睡的乘客，体现了从乘客需要出发去提供服务。这些都反映了善于动脑筋帮助乘客解决问题的良好的服务意识。还比如香港航空的乘务员能够细心观察乘客心理，对于家庭出游的乘客，尽量安排他们坐在一起；对于惧怕乘坐飞机的乘客，乘务员有技巧地去化解他们的紧张情绪；对于遇到突发事件、需要改签机票的乘客，给予相应的优待……点点滴滴的故事，来自细节的关注，反映出了服务人员能够充分从乘客角度出发，体谅乘客没有说出的不便和心理需求，用同理心去为乘客提供有情感的服务。

香港航空的活力和对乘客的真诚，对员工的关爱，体现在专业的制度和标准里，融化在暖暖的文化里，落实在点点滴滴的行为里。为了有效保障香港航空的服务活力，香港航空建立起信任文化和授权制度。航空公司信任员工，真心关怀员工，为员工创造快乐工作、快乐生活的氛围，让广大员工在充满赞赏文化的环境里工作和生活。授权制度保障员工在没有包袱的前提下，坚持以乘客需求为导向，大胆创新地解决乘客面临的形形色色的难题，帮助乘客顺利、快乐、无忧地出行。

让我印象深刻的是香港航空提炼出的PEOPLE服务文化。P是指热情待客（Passion to deliver），E是指为乘客服务多走一步（Extra to give），O是指为乘客服务提供选择（Options to offer），P是对乘客履行承诺（Promise to fulfill），L是指给乘客创造难忘的印象（Lasting impression to create），E是指高度情商应对乘客的各种需求（Emotional quotient to serve）。PEOPLE服务文化形成了一个很好的管理体系去保障香港航空有活力的服务。

香港航空积极承担社会责任的精神也为员工树立起了良好的责任意识，这份责任让公司和员工不断地从社会价值角度出发，充满激情地去帮助他人、参与公益、保持香港航空的发展活力。从一线服务人员帮助台湾何老伯在香港临时就医、帮助海外遗失钱包和证件的女大学生顺利回国、支持台湾老兵回大陆故乡、定期举办"飞上云霄"和"飞越云端·拥抱世界"活动，培养青少年了解航空知识……企业担当、管理制度保障员工的责任意识，这份责任正是员工服务好乘客的责任，也是让香港航空成为有活力的公司的责任。

香港航空，一个正能量的团队，一个彼此合作的团队，一个年轻的团队，一个成长的团队。香港航空正在用他们的活力唤醒乘客，唤醒中国民航的服务精神。

本书写出了香港航空的服务理念、服务管理、服务文化及企业价值观。本书的出版不仅激发了民航人以及从事服务行业的人对于服务的思考，更是为各行各业提供了学习的标杆。

陈淑君教授
中国民航管理干部学院航空服务系主任
2016年10月12日于北京

老朋友，谢谢你懂我！

香港航空是我的老朋友了！因为工作的原因我经常往返于香港与北京、上海等地之间，过去一年飞的里程，大概可以环绕地球好几圈了。香港航空带着我从一个机场到另一个机场，从一座城市到另一座城市。

坐在香港航空的机舱内，赭红色的座椅、鸳鸯奶茶、港式叉烧饭、登机音乐、甚至机舱里空气的味道——都给我带来家的温暖。

飞行总是一个很有魅惑的词，代表了太多意象——远方，送别，离开，归来，重逢，眼泪，拥抱，幸福，伤感，太多不一样的情绪，都可以在"飞行"的语境下滋生、蔓延、泛滥成灾。

以前，飞行是为了目的地，而现在，飞行于我，又多了一层意义——享受飞机上失联的那几个小时。

飞机开始沿着跑道滑行，后座推背感越来越强，感受轮胎脱离地面，窗外的银白色机翼，撕开云层，气流催你微微颠簸，云端之上，蓝色天空，阳光明媚，另一个世界。

手机关机，不关机也没有信号，犹如身体的一个一直在工作的器官，暂时获得休眠。只有喜欢的音乐，没有外面的世界。

飞机上适合思考。云端之上，离上帝更近，透过窗外看世界，从世俗里抽离，放大了自身的渺小，觉得地面上的很多杂事，并不值得内心肿胀；地面上的焦虑，竟有一丝愚蠢。

飞机上适合深度阅读，打开一本纸质的书，沉浸其中，回归阅读的质感。气息安静，内心柔软，思绪万千。

在飞机上终于可以享受一整块不被打扰的时间，只专注于享受一顿美食；只专心地看一本喜欢的书；只专心地想一个问题。

虽然人类基因里的代码就是喜欢被关注，被认可，被赞美，那是精神上的饥渴，和温饱一样是生存必需。但在飞行的途中，在几千公里以上的平流层，我可以躲在世界的角落，多待一会儿，偷乐一会儿，虚度一会儿。

一直比较好奇的是，香港航空的空姐们似乎看透了我特别享受空中失联的小心思。每次送餐时，尽管是不同的空姐，她们都说"陈先生，为了不打扰您休息，给您配送您常点的套餐，可以吗?"老朋友就是老朋友，谢谢你懂我!

在香港航空成立十周年之际，当我阅读到《年轻的力量》这本书的时候，我终于明白香港航空如此懂我的原因了。因为香港航空在服务中真正落实了以乘客为本，带给了乘客恰到好处的服务。

陈立飞

香港第一自媒体人

（微信公众号：Spenser 的二次学习日记）

2016 年 10 月 7 日于香港中环

目 录
CONTENTS

导言：香港航空茁壮成长的力量之源　　　　　　　　　　1

第 1 部分　创造有活力的服务

01 真诚的力量：真诚服务，感动乘客　　　　　7
1. 你真正重视过乘客吗?　　　　　　　　　　　7
2. 设身处地为乘客着想的主动服务　　　　　　10
3. 想尽一切办法解决乘客问题　　　　　　　　12
4. 激发真诚服务的关爱文化　　　　　　　　　13

02 热情的力量：热情待客，传递温暖　　　　21
1. 主动服务，温暖乘客　　　　　　　　　　　21
2. 将服务从基本需要延伸到情感需要　　　　　25
3. 让乘客体验到宾至如归　　　　　　　　　　29
4. 保持热情服务的赞赏文化　　　　　　　　　30

03 创新的力量：勇于尝试，锐意进取　　　　33
1. 产品创新：挖掘乘客需要　　　　　　　　　33
2. 服务创新：全方位的奇思妙想　　　　　　　39

i

3. 营销传播创新：新思想，新策划　　　　　　　　　　55
4. 突破常规的创新文化　　　　　　　　　　　　　　65

第 2 部分　管理有活力的服务

04　学习的力量：业精于勤，日臻至善　　　　　　　71
1. 训练专业服务精神　　　　　　　　　　　　　　　71
2. 培养 360° 顾客服务意识　　　　　　　　　　　　75
3. 建立学习型组织　　　　　　　　　　　　　　　　76
4. 践行以人为本的 PEOPLE 服务文化　　　　　　　 86

05　行动的力量：高效服务，使命必达　　　　　　　93
1. 倒逼准点率　　　　　　　　　　　　　　　　　　93
2. 基于乘客导向的运营系统　　　　　　　　　　　　96
3. 超出乘客期望的 A$^+$ 服务行动　　　　　　　　 100
4. 使命必达的行动文化　　　　　　　　　　　　　 102

06　灵活的力量：适度授权，贴近乘客　　　　　　 105
1. 超越标准　　　　　　　　　　　　　　　　　　 105
2. 因乘客而改善服务标准　　　　　　　　　　　　 108
3. 灵活沟通机制：24 小时微信客服　　　　　　　 111
4. 鼓励一线员工决策的授权文化　　　　　　　　　 113

07 团队的力量：包容协作，树正能量　　115
1. 极致服务的背后是团结协作　　115
2. 只有包容才能精诚团结　　118
3. 向女排精神学什么？　　120
4. 包容协作的团队文化　　124

第 3 部分　锻造有活力的价值观

08 快乐的力量：享受快乐，传递快乐　　131
1. 选对人很重要　　131
2. 快乐工作　　134
3. 快乐生活　　139
4. 快乐成长的员工文化　　140

09 奋斗的力量：修炼自我，传承精神　　144
1. 全球最严格的飞行安全标准在香港　　144
2. 传承香港精神　　149
3. 突显香港特色　　152
4. 立足香港、面向国际的拼搏文化　　156

10 担当的力量：勇于负责，乐于付出　　161
1. 对员工成长的担当　　161
2. 对乘客需求的担当　　162

3. 对社会责任的担当	165
4. 勇于担当的责任文化	168
附录1：香港航空大事记	175
附录2：香港航空荣誉榜	181
附录3：香港航空企业社会责任事迹	186
附录4：乘客感谢信摘录	189
附录5：员工感言摘录	193
致　　谢	196

导言：
香港航空茁壮成长的力量之源

2006年香港航空有限公司更名成立了！

但是，该消息并没有在香港航空业引起多少关注。更名成立之初的香港航空规模很小，当时只有一架波音B737飞机，只有一条香港到海口的航线。彼时的香港航空，确实不值一提。更不要提香港航空业中有航空公司运营不久就倒闭的案例。甘泉航空公司就上演了这一悲剧。该公司成立于2005年2月，2006年10月26日首航，2008年4月9日清盘结业[1]，运营时间仅有三年。想到甘泉航空倒闭的案例，香港航空的未来似乎也并不被看好。

然而，出乎意料的是，香港航空历经十年砥砺，非但没有倒闭，而且实现了突飞猛进的成长。从一文不名成长为世界最佳区域航空公司和全球进步最快的航空公司，并连续五年被Skytrax评为四星级航空公司。截止到2016年7月底，香港航空已拥有32架飞机，35个航点，航线遍布中国、韩国、日本、澳大利亚、新西兰、东南亚的各大城市。

究竟是什么原因使得香港航空不仅没有倒下，反而顽强生存了下来，还取得了长足的发展？支撑香港航空快速发展的力量之源到底是什么？

一方面，香港航空的发展离不开香港航空业的持续快速发展。《2015—2016年香港国际机场中期报告》显示，2015—2016年度，香港国际机场客运量达到6 970万人次，较2014—2015年度增加7.8%；飞机起降量则上升3.6%，达到410 000架次；货运量达到430万公吨。香港国际机场是世界第三繁忙的国际客运机场，并连续六年

---

[1] https://zh.wikipedia.org/wiki/甘泉香港航空。

成为全球最繁忙的货运机场。快速发展的香港航空业市场为香港航空公司的发展提供了巨大的机遇。

另一方面,香港航空在激烈的市场竞争中,做出了正确的品牌定位,逐渐摸索到一条适应于自身发展的竞争策略。香港航空业是一个竞争白热化的成熟市场。在香港国际机场运营的航空公司多达104家❶,其市场竞争的激烈程度可想而知。所以,香港航空每一位乘客的得来都十分不容易。

香港航空虽然是后来者,但是正确的经营决策和公司全体员工的团结奋斗使香港航空在香港航空业占有了一席之地。香港航空制定了"很年轻,好香港"的品牌定位,凭借年轻的力量,挖掘香港的特色,打造优秀的团队,以充满活力和真诚的服务赢得乘客。年轻而有活力成为香港航空别具一格的竞争优势,主要可以表现在以下几个方面:

香港航空是一家年轻的航空公司,向乘客传递了年轻的力量。香港航空2006年成立至今,刚好十年;飞机机队平均机龄3.5岁;乘务员、地勤人员大都在25岁左右。或许是因为年轻而具有活力,能够将年轻的力量传递给乘客。

香港航空是一家具有香港特色的航空公司。"香港"这两个字本来就蕴含了丰富的联想,高品质产品、优秀服务、独具一格的流行风格、融合中西的餐食文化、打拼奋斗的精神……香港航空在实际行动中继承和发扬了香港特色,从餐食、音乐、乘务员妆容和仪态、服务精神等方方面面散发出浓浓的香港情。

香港航空是一家能够包容多元文化的公司,充分发挥团队的力量。香港航空的员工来自全球40多个国家,但是不同文化背景的员工能够团结协作、高度配合,从而凝聚了推动公司向上发展的力量。

香港航空是一家能为乘客提供真诚、热情服务的公司,让乘客留下难忘的飞行体验。正因为香港航空形成了包容协作的团队文化,并且愿意帮助员工成长,给予员工关怀,所以每一个员工都发自内心地渴望在香港航空这个平台上发挥自己的力量,真诚、用心、热情、主动地服务乘客,为乘客创造难忘的体验。

---

❶ 资料来源:《香港航空:开拓天空中的蓝海》,北京大学管理案例研究中心。

导言：
香港航空茁壮成长的力量之源

对于搭乘过香港航空飞机的乘客，或许已经体验过香港航空的"活力"滋味。❶ 相比于冷漠、刻板或对乘客无动于衷的服务体验，香港航空凭借着年轻而有活力的服务，确实为乘客创造了耳目一新的飞行体验。

但深入观察以后，我们发现香港航空服务的活力不仅仅是因为年轻，更重要的是香港航空给服务注入了保持活力的行动、文化和价值观。只要这样的行动、文化和价值观能够与时俱进，那么香港航空的服务就会永葆活力。根据对香港航空的调查研究，我们提出了香港航空服务活力的冰山模型，如下图所示：

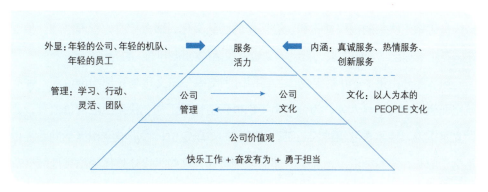

图1　服务活力的冰山模型

从服务活力的冰山模型看，最容易观察到的是物化在外的年轻的公司、年轻的机队和年轻的员工，通过他们的年轻和力量，体现出香港航空的服务活力。然而究其根本，服务的活力是在一线员工的服务行为中，呈现出真诚的力量、热情的力量和创新的力量。这三股力量让乘客产生轻松、愉快、有希望的感觉，进而形成乘客能够体验到的服务活力。因此，构成服务活力的力量源泉是真诚、热情和创新。

服务活力的形成机制是公司管理与公司文化互相作用的结果。香港航空致力于员工成长、强调行动力、鼓励向一线员工授权、发挥团队力量。在香港航空服务创新管理实践的背后是以人为本的PEOPLE服务文化。而锻造公司管理与公司文化的基础是公司树立起快乐、奋斗和担当的价值观。

---

❶ 香港航空在微信订阅号中以"空少"的昵称自居，而且香港航空的品牌人格就是一位年轻而充满活力的年轻人。

因此，服务活力的冰山模型也将香港航空服务行为、服务管理与服务文化、服务价值观概括为三层，即露出水面的是服务行为，构成冰山主体的是服务管理与服务文化，构成冰山基石的是服务价值观。

全书分为三个部分，由十种力量贯彻始终。第 1 部分由第 1—3 章组成，主要诠释构成服务活力的力量来自真诚的力量、热情的力量和行动的力量。一线员工的服务之所以有活力，是因为公司形成了关爱、赞赏和突破常规的创新文化。

第 2 部分由第 4—7 章组成，主要论述保持服务中真诚、热情和行动力量的管理之道。积极的员工行为需要以人为本的 PEOPLE 文化、使命必达的行动文化、鼓励一线员工做出决策的授权文化和包容协作的团队文化。结合相应的管理措施，员工在服务中发挥出学习的力量、行动的力量、灵活的力量和团队的力量。

第 3 部分由第 8—10 章组成，主要探讨了支撑公司文化与管理的价值观。香港航空诞生时大力培养人才，为公司员工积极营造快乐工作、快乐生活的价值观；公司立足香港，传承香港精神，凸显香港特色的市场定位；香港航空积极帮助香港青年学子成长，培养香港本地航空人才的社会责任。这些举措处处体现出香港航空奋发有为和勇于担当的公司价值观。基于此，香港航空的价值观给公司和全体员工提供了快乐的力量、奋斗的力量和担当的力量。

PART 1
第 1 部 分

创造有活力的服务

在提供标准化服务的航空行业,每一家公司提供的服务都大同小异,如何让本公司的服务体现出差异化优势?

航空公司为乘客提供的服务随着飞行结束而结束,如何让乘客形成难以忘怀的服务体验?

如何让公司给乘客提供的服务能够及时满足乘客需求,不断与时俱进,并且能够超越乘客需求?

真诚的力量体现在当乘客遇到问题的时候，服务人员能够给乘客一个圆满的交代。

热情的力量体现在服务人员能够为乘客主动提供有温暖的服务。温暖的服务要求服务人员能从乘客基本需要的满足，延伸到对乘客情感需求的关怀。

创新的力量体现在与乘客所有接触的环节，能够根据乘客期望，甚至超越乘客期望去创新服务方案，从而给乘客创造更好的飞行体验。

在第1部分，我们将具体探讨有活力的服务由三种力量构成，分别为真诚的力量、热情的力量和创新的力量。一线员工之所以能够提供充满活力的服务，是因为公司内部形成了关爱、赞赏和突破常规的公司文化。

从香港航空的经验来看，正是真诚、热情和创新的力量构成了有活力的服务；有活力的服务又给乘客创造出独特的飞行体验，让乘客感受到温暖，让香港航空在乘客心中留下难以忘怀的印象。这一点正是香港航空与其他航空公司最大的不同！

有活力的服务能够激发乘客，也能够激发一线员工。员工给乘客提供有活力的服务，同时员工也被乘客的赞扬所激活，乘客满意的微笑、赞许的目光和真诚的致谢让一线员工更积极主动地提供更优质的服务。从而形成"有活力的服务－乘客赞扬－更具活力的服务"的良性循环。

真诚的力量：
真诚服务，感动乘客　01

真诚是唤醒乘客，让乘客感受到服务活力的基本要素。真诚服务意味着一线员工真正重视乘客、设身处地为乘客着想、有效解决乘客的问题。相比于粗暴、刻板、照章办事的服务，真诚服务具有感动乘客的力量。

"真正重视乘客"反应在员工是否能够给乘客一个交代；"设身处地为乘客着想"体现在是否主动为乘客提供贴心的服务；"有效解决乘客的问题"表现在想尽一切办法满足乘客需要。

在追求真诚服务乘客的道路上，与其执着于寻觅天生就会真诚服务乘客的员工，或是责备员工缺乏真诚服务的态度，不如先从公司关心员工做起。因为关怀文化是真诚服务的前提。

1. 你真正重视过乘客吗？

记得那是我第二次为李先生服务，他是一位金卡会员。我第一次为李先生服务时，他也给我写过表扬卡。虽然这不是我第一次收到来自乘客的表扬信，但是李先生比较特别，他总能从别人做的小事中看到和感受到其中的用心。

那是从曼谷飞往香港的航班。乘客登机之前，乘务长告诉我们航班上有金卡会员，我心中便猜想会不会是李先生，因为我上一次就是在飞往曼谷的航班上遇见李先生的。当李先生刚踏入机门时，我便认出他并亲切地称呼他"李先生"，他很惊讶我竟然认得他，然后我便引导他到自己的座位上，之后还拿了水、拖鞋和毯子给李先生，并和他交谈，没想到他还记得我。

在飞行途中，李先生的座椅平躺功能出现了一些问题，我先向李先生道歉，并重新安排了一个座位给他，并试图解决问题，但座椅依旧是坏的，于是我告诉李先生我会向乘务长报告，并在降落后请工程师来修理座椅。李先生很高兴，因为我给了他一个明确的答复，而并非换了座位就当事情解决了。（故事来源：乘务员 -Ally）

当下企业产能过剩，产品同质化严重，市场竞争日益激烈。为刺激顾客购买，企业服务意识日渐提升。"以顾客需求为导向""聆听顾客声音""创造顾客巅峰体验"的服务理念层出不穷，这些服务理念以顾客为中心固然是好，但在服务实践中，一线员工能够像对待朋友和家人一样去对待顾客吗？答案恐怕不太乐观。

原因很简单，"以顾客为中心"是一线员工主动为之，还是被动为之。其实，以顾客为中心的服务理念是从管理者的角度出发，员工几乎处于被动地位。如果员工主观上没有形成以顾客为中心的服务意识，何谈像对待朋友和家人一样去对待顾客，更谈不上创造顾客巅峰体验。

而且，现在一线员工大多是"80后"，甚至是"90后"。新生代员工大都比较有个性，讨厌被逼迫的感觉。如果干得不开心，甚至随时都可能跳槽。他们可不会乖乖听话，任由老板摆布。

其实，在探求如何才能实现以顾客为中心的问题之前，首先要解决的问题是：让员工真正重视起顾客来。一旦员工真正重视起顾客来，他们自然也会导入以顾客为中心的心智模式，此时，"以顾客为中心"才不是一条被动执行的指令。

就像故事中的 Ally 一样，因为他真正重视乘客，所以他记住了李先生的名字，见面就能向李先生问好，主动给李先生提供服务。或许，你会质疑 Ally 对李先生服务那么周到，是因为李先生是金卡客户。金卡客户或许是一个影响因素，但肯定不是最根本的影响因素。因为金卡客户是对公司而言的金卡客户，并不是某个人的金卡客户。说到底，只有员工真正重视乘客，才可能给乘客提供周到、贴心的服务。

如何才能衡量一线员工真正重视顾客？其实标准很简单，就是看员工是否给顾客一个圆满的交代，一个合情合理合法的交代。当顾客遇到疑难问题时，一线员工首先要有同理心，从顾客的角度来分析问题，并保持高度情商，尽可能解决顾客问题。其次，对于顾客遇到的问题，一线员工要为顾客讲明道理，解释问题产生的原因，争取得到顾客的谅解。最后，如果顾客遇到的问题不能立即解决，一线员工要把事情的来龙去脉向顾客解释清楚，并且把后续解决问题的计划、程序或方案向顾客报告，让顾客对事件有一个全面而完整的了解，使顾客感受到当主人翁的感觉。总之，对待顾客遇到的问题，一线员工需要从合情合理合法三个方面，给顾客做出一个全面的、圆满的交代。

就像故事中谈到的那样，令李先生感到高兴的不是 Ally 为他更换了座位，而是得到了一个明确的答复。Ally 向李先生报告椅子可能出现故障，事后会请工程部的同事进行维修。这个回答让李先生对整个事件有了完整的了解。更重要的是，这个回答体现了乘务员是真正尊重乘客的，对乘客做出了圆满的交代。

"给顾客一个圆满的交代"之所以会使顾客感动，是因为切合了顾客追求圆满的心理。早在 20 世纪初，格式塔心理学❶就提出了人类的知觉"完形原则"。在人类的知觉活动中，伴随着思维过程，当一个事物呈现在人面前时，人在内心深处会有一个完整的"形"与之相对应。如果感知到的事物与内心深处的"形"不符合时，那么人就会觉得这个事物存在缺陷。对于有缺陷的事物，人的内心就会自发地产生弥补"形"的缺陷的诉求，以使感知中的事物达到完善或形成完整的"形"。如果不能将存在缺陷的事物补充完善，人就会有不愉快或不舒服的感觉。

虽然格式塔心理学主要是从心理学的角度来研究知觉问题，但其基本理论原则具有很强的普适性。在顾客服务领域，完形原则同样适用。比如在机场安检中，一些乘客总会问道"为什么液体只能带 100 毫升？"安检员总会不耐烦地回答"这是机场规定！"听了这个回答，乘客会满意吗？显然不会，因为他们不仅没有得到圆满的回答，还被蔑视缺乏常识，在公共场合自尊心受到伤害。而在这个服务场景中，相比于被没收的超标液体，乘客更想要的是一个圆满的回答。

遗憾的是，在很多类似的服务场景中，顾客连一个简单的疑问都不能得到满意的回答，还怎么可能对服务感到满意。所以，企业在给员工灌输"以顾客为中心"的服务理念时，首要的事情是教会员工真正重视顾客，从"给顾客一个圆满的交代"做起。

---

❶ 格式塔心理学于 1912 年起源于德国，又称完形心理学，是西方现代心理学的主要流派之一。

2. 设身处地为乘客着想的主动服务

2015年7月1日，HX761正由香港飞往曼谷，我负责为机舱乘客派发食品。当我给两位外国乘客派发飞机餐时，他们说自己是素食者，并向我询问餐包中是否有肉的成分。由于当天派发的是香肠餐包，所以我只好先跟乘客道歉，并答复他们会想办法看是否能找到多出来的素食餐。

我复核了素食订餐的资料，发现这两位外国乘客在订票时并没有预订素食餐。但是我想，飞机到达曼谷机场的时间大概是凌晨2点，那个时间很多餐厅都已经关门了，而且素食餐厅本来就很少。

于是，我把这些情况向两位乘客做了解释，并询问他们是否需要飞机上准备的素食饼干，两位乘客欣然接受了我的建议，并且要了啤酒作为饮料。在得知两位外国乘客还要搭乘香港航空的航班返回香港时，我主动为他们预订了回程素食餐。

当派完餐后再经过这两位乘客时，我又询问他们还需要什么帮助，他们都对我报以了会心的微笑。

我只是做了我应该做的事情，没想到在飞机降落之前，两位乘客给我写了一封表扬信，对我的服务大加赞赏。（故事来源：乘务员-Ellis）

事后Ellis表示，"很多时候我们都会遇到乘客对膳食不满的情况，而我为两位乘客提供餐包以外的饼干是希望作为服务的补偿，运用飞机上有限的资源为乘客提供满意的服务。不论是因为宗教还是因为健康因素，我绝对尊重乘客对素食的选择，另外无论大事小事，我都会从顾客的角度出发，尽力提供协助。"

要实现"设身处地为乘客着想"，只有依靠一线员工。唯有一线员工秉持同理心去服务乘客，愿意发自内心地去帮助乘客，否则"设身处地为乘客着想"就是一句空话。

比如，在飞机客舱的服务中，偶尔听见乘客问乘务员，"请问能加一份饭吗？"乘客可能是鼓起很大的勇气开口问乘务员的，可是乘务员往往不经思考就回应道，"不好意思，飞机餐没有多的，一人只有一份。"对于缺乏服务意识，不能对乘客产生同理心的乘务员，他们看不到乘客的需求是什么，他们眼中看到的只有公司的规定或服务标准。为了保证服务质量，服务标准固然重要，但刻板地执行标准，只会让服务结果事与愿违。一位跨国公司经理在某个航空公司的航班上被标准化服务的遭遇真是令人啼笑皆非。因工作关系,这位经理经常要赶早班飞机,他已经习惯在飞机上睡个回笼觉。可是,正当他要入睡的时候,空姐走来送水送饭,每次都很热情地叫醒这位经理。空姐热情的"叫醒服务",令他特别苦恼。一气之下,这位愤怒的经理在社交媒体上抱怨,"你有标准化的服务流程,这很正常,但是很多时候,你们这些航空公司能不能少一些套路,多一些真诚,走走心啊!"没想到,这条信息竟然被点赞了5 400多次。

可见,乘客需要的不是刻板的标准化的服务,而是设身处地为乘客着想的真诚服务。标准化、流程化的服务没有考虑和顾及乘客的个性和服务的情境,而这些都是超越服务标准的部分。服务要结合乘客的个性与服务情境,这种"场景化"的服务,需要服务员掌握执行标准的分寸。因此,服务人员要做到不仅仅是"照章办事",更要会"设身处地为乘客着想",只有这样才能给乘客提供最需要、最贴心、最舒服的服务。❶

比如在香港航空的航班上,乘务员在送餐时,遇到正在熟睡的乘客,不会轻易打扰乘客的美梦,而是记下乘客的位置,把餐食保温,等乘客醒来后,再主动告知

图1-1 香港航空的乘务员在送餐时间不会打扰熟睡的乘客
图片来源:香港航空新浪官方微博。

---

❶ "寻找村上春树笔下的空姐",《南方人物周刊》,2016-07-13。

乘客刚才错过的餐食正在保温,并询问是否需要现在送来。这种设身处地为乘客着想的细节,令乘客十分感动。

对于"设身处地为乘客着想"这一类无法用标准来约束的服务要求,香港航空通过训练,不断提高员工的同理心和情商水平,培养员工全心全意为乘客着想的善良品质,从而将"设身处地为乘客着想"变为现实。

3. 想尽一切办法解决乘客问题

由于上海浦东国际机场流量管制的原因,我们的航班起飞的时间大约延迟了一个小时。飞机上有不少乘客需要经由香港转机到其他国家,所以他们都非常焦急,担心赶不上转机航班。

我们先通过机上广播与乘客直接对话以安抚那些急躁的乘客,并把他们转机的资料交给机长,机长再以电报形式通知香港的地勤人员。希望地勤早作准备,提前启动部分程序,以便飞机到港后可以压缩办理转机手续的时间。

幸运的是,大约延误了一个小时后,机长获得上海浦东国际机场控制塔指示,我们的飞机能够启程前往香港了。接到通知以后,我们立即通过飞机广播将控制塔的最新信息通知乘客。乘客得知我们能启程前往香港的消息后,都十分欣喜。最后,需要转机的乘客全数及时赶上了各自转机的航班。(故事来源:乘务长 -Ivana)

通过机长、乘务员、地勤人员同心协力,成功为乘客解决了问题,乘客的欣喜和感激之情溢于言表。当思考如何提升乘客满意度的问题时,又有什么措施比帮助乘客解决问题更能令他们满意的呢?

然而,现实中一线服务人员却经常把不能帮助乘客解决问题归咎于各种各样的原因:"对不起,这是机场的问题,跟我们航空公司没关系""不好意思,我的系统显示不出您的信息""这个要求是公司规定,我也没有办法帮您"……

但是,上述因为航空管制而使飞机延误的故事中,机长为了乘客能赶上下一班飞机,发电报通知地勤人员提前启动准备工作,以减少乘客转机时间;乘务员把工作进展和最新信息及时通知乘客,尽最大努力安抚乘客情绪,直到最后圆满解决乘客问题……当一线员工不能为乘客解决问题而找理由时,还有什么困难比航空管制不能令飞机准点起飞还难以克服呢?

其实,在顾客所面临的问题与问题的解决之间,间隔着的是能否想尽一切办法去解决顾客问题的决心。真诚服务不是口号,而是实实在在的行动,要通过实际行动去解决顾客的问题,直到顾客满意。

即使退一步讲,就算故事中需要转机的乘客不能按时赶上航班,当他们看到机组人员和地勤人员为帮助他们而想尽各种办法,尽最大努力去解决问题时,这些乘客也会表示理解和接受。

如果服务人员能够真诚对待顾客,就会想尽一切办法,不计得失地去服务顾客,解决顾客面临的问题。真诚服务的结果往往能够获得顾客发自内心的认可,不仅认可为其提供服务的员工,也会认可为其提供服务的公司。

4. 激发真诚服务的关爱文化

真诚服务意味着能够真正重视顾客,设身处地为顾客着想,并能想尽一切办法解决顾客问题。在追求真诚服务的道路上没有终点。无论是重视顾客、设身处地为顾客着想或是想尽一切办法解决顾客问题,每一个方面都可以做到极致。

但是,对于公司而言,去哪里才能招聘到那么尽善尽美、全心全意服务顾客的员工呢?当然,选择对的人固然很重要,但理想中完美的员工一定是

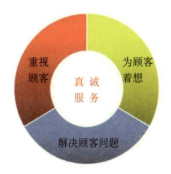

图 1-2　**真诚服务的构成要素**

少之又少。尤其是在航空业中,航空服务人员已经面临较为严重的人才缺口。要招聘到足额的适用人才已经很难,所以,与其执着于招聘完美员工,不如把还不够完美的员工培养成为完美的员工。

如何才能把员工培养成为真诚服务顾客的员工——更高的薪金?更大的事业平台?更好的工作环境?对于这些外在刺激,人力资源专家很早就证明过,外在刺激对员工的吸引力是短暂的,当员工对这些刺激习惯以后,这些激励作用就会逐渐消

失。那么，什么因素才是长期激励员工真诚服务顾客的动力来源？

从香港航空的实践来看，薪酬待遇并不是员工能够真诚服务乘客的关键。因为相比于其他航空公司，香港航空的薪酬待遇并不算高，甚至还略低于其他公司。要论工作平台和工作环境，相比于香港其他历史悠久的航空公司，成立才十年的香港航空，实在不能说有更大的工作平台或更好的工作环境。那么，香港航空激励员工真诚服务乘客的法宝是什么？那就是公司努力培养和营造对员工的关爱文化。

关爱文化首先是指公司充分重视员工，让员工感到对公司发展具有重要的贡献；其次，帮助员工在工作中获得成长；最后，发现员工才能，并为员工才能的发挥搭建平台。

首先，让员工感到受重视是激发员工真诚服务的基本前提。公司对员工关怀，才能换来员工对公司的关心。关心公司的员工会把自己的工作表现与公司的发展紧紧地联系在一起，他们会考虑到自己工作的好坏会影响到公司的发展。对公司发展的责任感将为员工真诚服务乘客奠定基础。航空公司不仅是有形资产的集合，更重要的还在于乘客与一线服务人员之间进行怎样的接触。如果希望员工带着爱心去服务乘客，航空公司首先就要关爱员工，带给员工快乐。这样，员工才会把关爱和快乐传递给乘客。在这方面，值得一提的就是香港航空为员工策划浪漫的空中婚礼和邀请明星为员工庆祝生日的活动。

图1-3 飞机降落后香港航空机组人员为员工庆祝生日
图片来源：香港航空服务部。

其次，帮助员工在工作中获得成长。新员工进入公司以后，怎样才能让员工对公司有归属感并忠诚于公司？更高的薪金？更好的工作环境？或者其他吸引人的福利？对此，一位从其他航空公司跳槽来的员工说道，是成长的机会吸引她来到香港航空。

来香港航空之前，她在一家十分知名的老牌航空公司工作。那里工作的方方面面都已经系统化，对于航班延误的处理，有系统化的手册；对于机舱服务，有系统化的手册……整个机构和工作标准已经非常完善。虽然工作多年，但在那里很少需要用到她的知识和经验，最后她决定离开。

来到香港航空以后，这名员工有了完全不一样的感觉。在这家年轻的航空公司里，她对于服务的知识、经验和理解有了用武之地，可以把自己的积累教给新员工，在帮助新员工成长的同时，自己也得到了发展。来到香港航空五年，她最大的收获就是得到了成长，而且，感觉公司的发展也有自己的一份付出。

相比于公司成立之初招聘员工往往只能收到很少的简历，现在，公司在招聘市场上已经变成了香饽饽，求职者中不乏知名大学的高才生。甚至在香港航空招聘期间，还有求职者彻夜排队的景象。其实，就薪金而论，香港航空并不是最高的，但却仍然能够得到求职者的踊跃报名，原因就在于香港航空给员工提供了快速成长的职业机会。

对于管理者的培养，香港航空的公司高层教育大家要把饼做大。常言道，"教会徒弟，饿死师傅"，所以师傅在教徒弟时，总要留一手绝活。这种狭隘的思想对公司发展不利，对员工成长其实也是有害的。香港航空是一家只有十年历史的年轻公司，业务增长的潜力还很大。眼下正是公司用人之际，只有团队领导把员工各方面的能力培养好，当员工成长起来，能够独当一面，可以提拔去带团队时，以前的团队领导自然可以提拔到更高的平台，去带领更大的团队。而且，公司也逐步意识到提拔干部的最好依据就是看一个管理者能不能培养出更多的管理者来。

对于员工的培养，既要鼓励先进者，也要关心落后者。在香港航空一线工作的团队，团队领导会用心观察员工的工作情况，既留意员工的闪光点，也注意员工的不足，对员工的优秀表现及时鼓励，对员工的不足也会善意地提出改进意见。

对于整体业绩优秀的员工，团队领导会公开表扬员工，让员工知道管理层对他的肯定。但是对于整体业绩不好的员工，团队领导通常不会直接批评员工，以免伤害其自尊心。这种情况下，团队领导会与员工分享公司期望的业绩是什么、分析业绩不理想的原因是什么，以及如何操作才能达到公司的期望等。员工得到团队领导的关心与指导以后，就会逐渐加强责任意识，不断改善工作，提高业绩。

最后，公司要积极发现员工才能，为员工搭建平台去展现才华，这将激发出员工更大的动力去真诚服务顾客。所谓士为知己者死，当公司注重员工发展，愿意为员工发展提供平台时，自然也会换来员工全身心地投入到工作中去。

香港航空有一位"90后"的乘务员，自称"佣少"。佣少毕业于香港名牌大学的广告设计专业。虽然乘务员的工作与他的专业关系不大，但是公司发现了他擅长美术与设计，便给他提供施展才华的平台。比如，公司邀请他设计公司的日历、生日贺卡、公司形象的卡通人物。这些没有奖金的额外工作非但没有令佣少感到厌烦，反而让他乐在其中。而且他觉得自己的才能在公司得到了充分的展示，这也让他在空中服务的工作中更加认真和投入。

出于对工作的喜爱，佣少甚至创作并出版了卡通绘本《空少佣七易》来记录自己在香港航空的工作。该漫画向对航空业感兴趣的朋友们宣传了香港航空公司，介绍了空中服务人员的工作，机舱服务中发生的一些趣事，以及空服人员的业余生活。这本

图1-4 "佣少"为公司设计的卡通人物、日历、漫画等
图片来源：香港航空服务部。

图 1–5 佣少漫画作品
图片来源：香港航空乘务员鲁杰民提供。

漫画的出版产生了很好的社会反响，同时也激发了他更好地服务乘客的决心。

公司对员工的关爱转化成为员工对顾客的关爱，就是这样简单。公司关爱员工，处处为员工着想，会引发员工对顾客的同理心。而员工对顾客的同理心会让员工真正重视顾客、设身处地为顾客着想，并想尽一切办法帮助顾客解决问题。

总之，真诚服务的前提是公司对员工的关爱，这份关爱能够转变员工的服务意识，使员工从被动执行服务，转向主动做好服务，并且公司对员工的关爱会化作员工对顾客的关心。

在倡导关怀文化的公司里，公司重视员工，推动员工发展，这是让员工能够真诚对待顾客的秘密。即使是逆反心理重、抱怨多的"90后"，到了倡导关怀员工的公司中，情况也会变得很不一样。以下就是一名曾经叛逆的"90后"，在加入香港航空之后发生的巨大变化。

"90后"，对很多人来说，不脚踏实地和没有责任感恐怕是最适合拿来形容他们的形容词。他们喜欢投诉和抱怨，对雇主来说是最难管的一群。作为一个"90后"，毕业至今的三年间，换过五份工作，最长的有八个月，最短的只有半天。不知不觉，在香港航空工作快一年半了，对很多年龄和资历长的同事来说，一年半只是眨

年轻的力量
香港航空服务创新之路

眼瞬间；是什么原因令飘忽不定的我选择在这家公司继续发展呢？

2013年，刚从香港理工大学广告设计系毕业的我，一心想找一份"以人为本"的工作。第一份工作是在社区中心做活动助理，负责协助社工举办活动、预备物资，领7 300元的月薪。后来试过广告公司和室内设计公司，最后也是觉得不喜欢而辞职了。上一份工作是在一家杂志社画插图，那时候是从早上10点加班到晚上10点才下班，12个小时默不作声地拼命画。那时，看见职位高的同事也跟我一起在加班，我心里想：要是十年后，我也升职变成了设计部总管，这会是我想要的人生吗？在机缘巧合之下，看见香港航空在网上的招聘广告，经过一关又一关的面试过程，我加入了这个大家庭。

喜欢这份工作，是因为这是一份我一直梦寐以求、以人为本的工作。以前做设计，无论你熬了几个通宵，从来没有人会考究设计者是谁。活动过后，设计品如背景幕、单张、展板就会被当垃圾般弃掉。对我来说，做设计的满足感仅限于作品诞生那一刻的成就感，这只是属于个人的。然而，作为一名空中服务员，每天面对几百个乘客，每个乘客都会有不同的需要。当你用心去服务他们、回应他们的需要，简单的如倒一杯开水，他们礼貌地回应一声"谢谢！"时，那份满足感就能够令你每天能量满满地去上班。甚至有时候，下飞机时跟客人说再见，他们竟然会记得你的名字，对你说一声："辛苦了！"那份温暖令所有疲累瞬间都消失了！就是这份人与人之间感情上的交流，令我觉得空中服务员这份工作分外有意义，令我每天上班也充满使命感——把最好的带给乘客。

香港航空除了让我找到了一份适合自己的工作，也成就了我另一个身份——佣仔的创作者。从小到大，我的兴趣就是画画，在正式飞行了两个月的时候，我开设了"The Flying Maid"的Facebook专页，以"佣仔"自称，将日常工作的点滴以漫画的方式记录下来。没想到，在短短的一个多月时间内，受到很多人和一些媒体的关注，粉丝数从二千多一下子涨到了二万多，还被邀请到大学校园演讲，并接受电台访问。记得那次公司为员工策划空中求婚活动，在航班结束后，我把整个过程画了下来，还上传了求婚过程的短片，没想到竟然会有接近二万人观看了这段视频。接着，很荣幸地得到市场部同事的邀请，设计了2016年的台历，也没有想到大家会那

01 真诚的力量：真诚服务，感动乘客

么喜欢，听说还要加印，真的有点喜出望外呢！之后，公司也给予我很多机会，例如设计提醒同事要看 E-library 的卡片套、生日卡、奖励同事纪律表现的环保布袋等等。最令人感到兴奋的是，2016 年 6 月在湾仔会展举办的大型公开招聘会上，公司用"佣仔"的形象贯穿整个展示区的设计，还制作了"佣仔"的吉祥物造型。其实由始至终，我对于自己业余的设计经验并没有太大信心，幸得公司大胆创新，愿意接受新事物和重视不同同事的才能，令我没有浪费过去的工作经验，也让我能够在其中发挥所长、贡献于公司。2016 年 7 月，我在香港书展上展出了我的第一本绘本——《空少佣乜易》，以有趣的图文形式叙述乘客、乘务员之间的趣事，也记录了面试的技巧、解答了常见的有关入职航空公司的问题，以帮助有兴趣加入航空服务业的朋友。

我想，没有香港航空，就根本不会有"佣仔"这个角色出现。现在的我，除了是一名空中服务员，也是一名香港本地的绘本作家。作为一家积极、进取和创新的航空公司，愿意使用一只由普通员工创作出来的卡通人物作为宣传标志，确实实践了"很年轻、好香港"的宣传口号，令人印象深刻。

作为一名"90 后"，我的鬼主意仍然很多，仍然是坐不定，仍然有很多想法很想去实现。但这不代表我不脚踏实地和没有责任感。别人之所以觉得"90 后"是飘

图 1-6 "佣少"与同事合影
注：左图是要在茄子航空一直种茄子的佣少；右图是"空中飞佣"本人鲁杰民（右一）与服务总监简浩贤（中间）和同事（香港航空乘务员卡通人物形象原型，左一）合影
图片来源：香港航空乘务员鲁杰民提供。

年轻的力量
香港航空服务创新之路

忽一群,是因为"90后"心中有理想、有大志;有很多事想去做、想去尝试。如果遇到一家愿意投放资源,重视和支持员工的公司,我便会专心致志,拍翼去飞。所以,如果我能够做空中服务员做到八十岁,我便会画画画到八十岁。我愿意,一直在茄子航空种茄子❶!(故事来源:乘务员-Frankie)

---

❶ 香港航空在佣少漫画中被戏称为茄子航空,而空中服务工作被比喻为种茄子。

热情的力量：
热情待客，传递温暖　02

热情是唤醒乘客，让乘客感受到服务活力的激励要素。热情服务不仅是主动满足乘客基本需要的服务，还是主动满足乘客情感需求的服务。热情服务让乘客感受到服务的温暖，享受到印象深刻的飞行体验；热情服务也能提高乘客忠诚度，让乘客愿意继续选择一个公司的服务。

热情服务要求服务人员主动服务乘客，并且把服务从满足乘客基本需要延伸到满足乘客情感需求，直至为乘客创造宾至如归的感觉。为了让服务人员一如既往地保持服务的热情，离不开赞赏的文化，一个看似不起眼的赞赏却潜藏着鼓励服务人员保持热情服务的巨大能量。

1. 主动服务，温暖乘客

飞在香港至曼谷的夜航班上，我一如既往地笑脸盈盈，迎接着每一位客人。这时，座位在12A的先生引起了我的注意。和其他的客人不同，在夜航的班机上他依然西装笔挺，可是面色苍白、神情严肃。

我赶紧回到工作位去查看客人名单：12A是陈先生。于是，我拿了一杯水送到陈先生面前，通过自我介绍打开了话题。原来陈先生一直以来都害怕坐飞机，尤其是夜航，外面漆黑一片会令他更加紧张、害怕。但是由于工作原因，他常常需要独自一人乘坐飞机往来于香港和曼谷之间。

考虑到陈先生的状况，为了分散他的注意力，我主动为他拿出了最新的杂志。在用餐时间，我特意给陈先生推荐比较适合夜晚吃的鸭腿汤饭。用完餐以后，我在收餐盘时，陈先生的脸上露出了笑容。不知不觉，时间过得很快，马上就到目的地了。

分别的时候，陈先生特意向我道谢，感谢我主动为他舒解了乘坐飞机的压力。其实，我只是做了最简单的事情。因为一直以来，我坚信一个道理：站在乘客的角度去思考问题，主动满足乘客需要。（故事来源：乘务员-Anna）

读到 Anna 的服务故事，让人感到一股暖流，暖暖的，很暖心。身为服务人员，在与乘客接触的过程中，Anna 能够察言观色，主动满足乘客的需要。这种主动服务乘客，带给乘客温暖的服务，是热情服务的最好典范。

为了能够更好地满足乘客需要，一线服务人员应该善于把握乘客的需求。需要是指乘客提出有明确指向的要求，在需要的背后是乘客更深层次的心理需求。比如乘客要求调座位，是对亲情或友情的需求。如果服务人员看清了乘客的需求，便会更好地理解乘客，满足乘客的需要。

相比之下，那种一听见乘客提出要求，就产生抵触情绪或者抱怨乘客提出无理要求的行为，是要坚决抵制的；而一听见乘客提出要求，就不经思索按部就班地提供服务的行为也称不上主动服务。

主动服务最基本的要求是，当乘客提出要求时，服务人员不仅要仔细聆听，更重要的是能够分析出乘客提出服务要求的背后潜藏着什么需求，以便更好地满足乘客的需求。主动服务是热情服务的首要构成因素。在乘客服务过程中，乘客甚至不需要提出服务要求，服务人员就已经预判到了乘客需要，并主动为乘客提供服务，满足乘客需要。

一次香港飞往成都的航班，在飞机到达以后，所有乘客都已经离开了廊桥，只见一位年轻的女孩拖着一个大箱子，走走停停，看起来很费劲的样子。几位完成工作的乘务员看到小女孩站着不走，就主动上前询问情况。后来得知，因为大学毕业，从香港带回的书本太重，小女孩拉不动箱子。这几位女乘务员就立即帮小女孩分担一些书本，送她走到出口处，把厚厚的书本交给了小女孩的家人，然后才离

开。(故事来源：中队长-Shirley)

小女孩虽然已经下了飞机，而且没有提出要求，但是热情的乘务员们主动帮助小女孩，解决了她的困难。在现实中，总会有一些乘客，或羞于启齿，或不想麻烦他人，尽管自己遇到了问题，也不提出服务请求。这就只能依靠服务员主动服务的本领——即使乘客什么都不说，也能洞察他们的需求，主动帮助其解决问题。

香港航空热情服务的口碑逐渐得到了广大乘客和行业机构的认可。2016年中国新华电视控股有限公司组织"紫荆奖"颁奖盛典，以"好客之都"为主题，邀请来自多个行业中为塑造"好客之都"形象做出杰出贡献、为推动香港市场经济及社会环境发展做出卓越成就的企业及机构共济一堂、共襄盛举。香港航空作为航空业代表受邀参加了盛会。

身处一线的服务人员在主动提供服务的过程中，还要注意要恰到好处。主动服务不是过度服务，主动服务是根据顾客需要，提供恰到好处的服务；而过度服务是给顾客提供了多余的服务，让顾客感到服务成了一种负担。

恰到好处就是要准确判断应该对顾客提供什么服务，服务到什么程度。当顾客不需要服务的时候，提供额外的服务就是过度服务；当顾客需要服务的时候，却没

图2-1 香港航空被评为"好客之都"行业杰出贡献奖
注：左二为香港航空服务总监简浩贤，右二为香港航空品牌中心副总经理姚祺。
图片来源：香港航空品牌中心。

图 2-2　香港航空在北京首都国际机场检票台前放置的小桌子
图片来源：作者拍摄于北京首都国际机场。

有提供服务就是不尊重顾客。比较典型的例子是，在逛服装店的时候，一些商店的营业员为了表示热情，主动为顾客介绍产品，为顾客推荐服装。可是，顾客想要一个人安静地看看就好。此时，多余的主动服务就变成了过度服务。

恰到好处的服务犹如迎面吹来的暖风，深入顾客心中。香港航空在北京首都国际机场的安检柜台前放置了一个供乘客放手提行李的小桌，乘客在办理检票和托运手续时，可以将手提袋放置在桌子上，从而更加轻松省力地办理相关登机手续。该举动就很好地体现了服务的恰到好处。

然而偌大的北京首都国际机场，只有香港航空的柜台前放置了这种桌子。桌子上面用中英文写着"腾不出手？手包放这吧"。虽然这个小小的举动并没有投入很多成本，却是乘客恰好需要的服务。这就是恰到好处的服务。

与其他服务行业相比，航空服务有一个突出的特点——与乘客的接触点非常多。从乘客查询航班信息开始，选票、购买、支付、打印登机牌、托运行李、候机、检票、登机、空中服务，直到下飞机，整个过程中的每个环节都是服务人员与乘客的接触点。但是在不同的服务接触点上，乘客的需求是不一样的，所以提供的服务重点也应该有所不同。

比方说，当乘客在网上购票时需要的是便捷。那么热情服务就体现在尽可能地简化购票程序与购票环节，最好是三步就可以完成整个购票过程，即选机票、支付、收到机票订购短信。

在换登机牌的时候，乘客需要的是快。为了满足乘客快的需求，那么在值机大厅就要有醒目的指示牌，让乘客可以清楚地知道在哪里办理登机手续。或者在值机大厅设立很显眼的咨询台，如果乘客有疑问可以很快找到咨询台进行相关咨询。

登机以后，乘客需要的是被关怀和被尊重。此时，热情服务就体现在对乘客的彬彬有礼、主动为其提供服务、与相熟的客人打招呼、尽可能满足乘客的需要等等。

根据乘客需求，在不同的服务点，提供恰到好处的服务是热情服务的关键。当乘客需要快的时候，就不要过多地问候乘客，否则就是啰嗦；当乘客需要关怀时，就不必担心过多的问候或服务会给乘客带来麻烦或困扰。此时，如果没有问候或服务反而令乘客感到不被尊重。总之，热情服务要拿捏好恰到好处的度。

2. 将服务从基本需要延伸到情感需要

Doricko 先生是一位大概 50 岁的外籍商人。他是第一位登机的乘客，我留意到他脸上忧伤的表情。我向他打了招呼并递给他商务舱的餐单，他表现冷淡并冷漠地说他不需要任何东西。

当晚是从上海飞往香港的夜航班，发餐后大部分的乘客都在睡觉，唯独 Doricko 先生一直沮丧地看着窗外一片漆黑的夜空。

于是我为他送上了我们的招牌甜品豆腐花，并说"Doricko 先生，这是我们香港驰名的甜品豆腐花，希望可以平复你的情绪，令你感到开心。"

Doricko 先生笑了笑，这是我第一次见到他面露笑容。

之后我们就开始聊天，并得知他正要赶往美国探望刚刚做完手术的母亲。他为这几年因工作而没有时间陪伴父母而感到内疚。

我尝试将自己代入他的角色去了解他的想法，并与他分享了我和在内地生活的外婆的一些点滴。虽然我并没有帮到他什么，不过可以看得出他比之前放松多了。

我把他的故事讲给了其他同事，他们都为他的事而感到惋惜。于是，我们一起手制了一张心意卡，写上祝福的话语送给了 Doricko 先生。

他收到心意卡后表示十分感激。虽然我们帮不到他什么，但我们都希望他可以振作起来。(故事来源：乘务员 -Tracy)

Tracy 的故事充分说明，热情服务不仅要主动满足乘客的基本需要，更要主动满足乘客的情感需要。而且，在与乘客的接触中，一线服务人员可以找到很多机会与其进行情感交流。

如果我们把乘客需要分为基本需要和情感需要的话，基本需要是指对服务礼仪、餐食、行李架、座椅等构成服务的基本要素的要求；情感需要是指对情绪、情感方面的人性关怀的渴望。乘务员不仅是服务的提供者，也是乘客的朋友。根据情景的不同，当乘客需要时，给乘客一个问候、一句关怀或一张心意卡，这些细节体现了人性的温暖。

相比于基本需要，情感需要更加令乘客记忆深刻。每一家航空公司所提供的基本需要都相差不大，而且具有相似的服务标准。当乘客结束飞行，走下飞机以后，这些标准化的服务不会在乘客心中留下深刻的记忆。

然而，满足乘客情感需要则不同，当员工关心乘客情感需要的时候，这番经历将成为乘客难以忘怀的记忆。这是因为乘客和乘务员的个性以及事情发生的情景千差万别，情感需要的满足很难列入标准化的管理之中，因此情感需求的满足构成了乘客独特的飞行体验，是不曾在其他航空公司体验过的，因而能够给乘客留下深刻的印象，甚至令乘客久久不能忘怀。

曾经有一位香港航空的乘客对乘务员说，"登机之前因为机票有点问题，挺不开心的，不过踏上飞机以后，看到一班非常专业的空中服务员为不同背景的乘客提供非常好的服务，而且能够很好地照顾乘客情绪。这一切让我感到非常舒服。" ❶

在热情服务贵宾乘客的同时，也要注意对周围其他乘客的平等对待，避免顾此失彼。在机舱服务中，乘务员要平等地对待每一位乘客。有时候不因身份、地位差异而平等对待每一位乘客，反而能够赢得乘客更大的尊重与认可。

---

❶ 引述乘客对香港航空空中服务员 Irene 的赞扬。

02
热情的力量：热情待客，传递温暖

在一次航班上，一位金鹏俱乐部的金卡会员李先生登上飞机，他的座位号在经济舱第一排的加长座位。当他刚登机的时候，我主动上前问候，从言谈间了解到李先生希望在本班机上好好休息。当天李先生旁边坐有另一家人，其中还有一个刚出生不久的婴儿。可惜那天飞机客满，因为不能安排到其他容易安静入睡的座位，我先向李先生道歉。

乘客入座以后，我立即递上毛毯和枕头给李先生和他旁边的另一家人，然后礼貌地提醒，为了不打扰李先生休息，会为他的膳食保温，等他醒后再送来。

同时，为了让婴儿一家人在飞机上感到更舒适，我主动提供我们飞机上的婴儿摇篮，并且仔细地讲解并小心地示范婴儿摇篮和婴儿安全带的正确用法及注意事项。此外，言谈间我知道这是他们第一次出国旅游，所以我一直在旁协助他们填写入境表并详细地答复他们一家人下机后应该如何才能找到入境大堂。（故事来源：乘务员-Yan）

当飞机开始下降的时候，李先生走向为他服务的乘务员，感谢他们所做的一切让自己得到了很好的休息。此外，李先生特别欣赏乘务员不只是热情服务于贵宾乘客，而是热情服务于每一位乘客。李先生表示，正是这种平等待人、热情服务的态度让他一直选择香港航空。李先生还特意写了一封表扬信给乘务员，以鼓励乘务员和香港航空公司日后要继续发扬这种服务精神。

热情服务还体现在善用服务艺术，积极维护顾客的自尊心。在机舱服务中，不免出现乘客之间引发的不悦。乘务员处理类似问题时，需要巧用服务的艺术，既要把问题解决好，又要让双方乘客乐于接受。

当时，机舱内正在派餐，17A和17C的服务铃同时亮了，乘务员走到跟前。17C的乘客表示从18D的乘客那儿传来一股异味。看到18D的乘客脱掉鞋子在看报纸，乘务员便拿来空气清新剂把整个机舱喷了一遍。当肯定气味是来自18D的乘客后，服务员礼貌地请该位乘客把椅背拉起来，收起桌子并把鞋子穿好。当所有事情做完之后，该名乘客知道了问题所在。这样，问题处理了，也保护了乘客的自尊心，降

低了尴尬程度。最后，三位乘客都十分开心。（故事来源：乘务员-Eve）

热情服务的艺术可以通过语言、行为和情感三个方面来实现。在服务的语言艺术方面，俗话说"好话一句三冬暖，恶语伤人六月寒"，可见语言在服务的艺术中可以发挥极大的作用。比如，在某个航空公司的国际航班上，乘务员是香港人，乘客是一名老太太，也是香港人。可是，这位乘务员坚持用英语与老太太对话，而老太太全然不知她到底在说什么。这不仅让老人着急，也伤害了老人的自尊心。

如果这件事情发生在香港航空的飞机上，就会是另外一种场景。因为香港航空的乘务员绝大多数都能熟练应用英语、普通话和广东话，他们会根据乘客的语言习惯选择适当的沟通语言。很多时候，一句乡音就拉近了与乘客的距离，让乘客倍感亲切。如果都能说中文，有什么必要一定坚持说英文呢？

在服务的行为艺术方面，行为能反映一个人的思想、性格和修养。一个服装整洁、仪表端庄、举止有素、精神饱满的群体，向人们展示的不仅是外在的形象，更使人感到专业的素养和职业的态度。即使是同样的制服、同样的发型、同样的妆容，但是每个乘务员给乘客的印象都可以不同。因为每个乘务员有着不同的思想、性格和修养，在服务标准化的要求下，形成自己的行为艺术，是给乘客创造积极情感体验的好办法。

乘务员 Hayley 在访谈中说道：在服务过程中会加入一些自己的个性。❶ 例如，尽自己最大努力记下乘客的喜好，如果下次再碰到该乘客的时候，可以在乘客开口提出要求之前，就把乘客的要求满足了。或是观察乘客的说话方式，用相似的说话方式、相似的语气去与乘客沟通，让乘客觉得同声同气，好像在跟朋友聊天一样。

在服务的情感艺术方面，情感是心理体验的外在表现。情感的表达应该与服务的时间、场合、气氛相符合。比如，在问候商务乘客、家庭旅游乘客、情侣乘客时，不仅问候的话题应该不同，而且表现出来的情绪也应该不一样。当乘务员表达出的情绪与乘客怀揣的情绪相同时，有助于形成情感上的共鸣。

---

❶ 感谢乘务员曾熙怡（Hayley）提供的服务经历。

一般情况下，乘务员保持温和体贴、亲切和善的情感是比较适宜的。根据情况不同，也可以表现得更加开心或者深沉。特别注意的是，这不是虚伪的表演，而是真心实意地关心乘客，自发表现出来的外在表达。比起那种司空见惯、置身事外的冷漠服务，蕴含情感艺术的服务能让乘客感受到多一份的温暖。

3. 让乘客体验到宾至如归

那天早上十分寒冷，北京前一天晚上开始下雪，Pong先生拿着他的大衣和手提行李登机，除了热烈欢迎Pong先生，我还轻声提醒他注意登机桥和飞机之间的台阶。商务舱登机完成后，我向每一位乘客自我介绍，并感谢大家选乘香港航空的航班。我注意到，虽然Pong先生脸上挂着笑容，但看起来其实有一点累，我便主动为他提供了舒适的拖鞋，并为他准备了羽绒被子，以便他能尽快休息。

Pong先生用完早餐后，我和他闲聊了一会，他是到北京公干，平日里也经常乘坐香港航空公司的航班，他十分喜爱乘务员Yan女士为他推荐的中国美食。此外，他对我们专注于细节的优质服务予以很高的评价。Pong先生表示在未来的旅行计划中，会继续选择我们航空公司。

我们相信，每一个航空公司都可以提供类似的服务，但是什么让乘客体验有所差异？那就是来自机舱里最前线的职员一点一点小小的心意加起来汇聚而成的非同一般的飞行体验。我们对待每位乘客如同对待我们的家庭成员，我们尽最大的努力提供热忱的服务，并希望乘客在飞行旅途中享受到"像家一样"的感觉！（故事来源：乘务长-Kaur）

从乘客的角度看，高级乘务长Kaur认为乘客对机舱服务的最高期望就是"像家一样"的感觉。然而，要给乘客创造宾至如归的体验并不容易。困难之处在于，每个乘客对宾至如归的定义不同，服务的情景、服务人员的个性等也不统一。因此，创造宾至如归的体验没有标准动作。只有当乘务员把乘客当做朋友或家人以后，创造宾至如归的服务才会不经意地流露出来。下面的服务故事充分证明了只有把乘客当做朋友或家人，乘客才会有家一样的感觉。

香港航空的常旅客宋先生因为工作需要，经常往返于香港与曼谷之间，很多乘务员都能认出他来。一次，宋先生在曼谷开完一个重要的商务会议，但因家中有急事要赶回香港。在登机以后，宋先生觉得肚子饿，但因为压力太大没有食欲。于是，我与宋先生闲谈了一会，让他放松下来。在谈话期间，团队中的其他乘务员为宋先生送来了一些零食和一杯温牛奶。当看到这一切的时候，宋先生非常感动地说，"这是他第一次在飞机上享受到家的感觉"。（故事来源：乘务员-Yan）

4. 保持热情服务的赞赏文化

长期从事一线服务工作，难免让员工对服务工作心生倦意，导致热情消退。一方面，热情服务需要员工额外做出更多的付出，比如更加用心，主动服务，记下客人姓名或者喜好等等。这些额外的工作为原本就很辛苦的服务工作又增添很多负担。另一方面，长期从事一线服务工作，尤其是空中服务，由于工作与生活的时间经常发生冲突，乘务员甚至很难跟家人一起同桌吃饭，更别提节假日、公休日能够正常放假。因此，长期从事该项工作，最初登上飞机的激情与热情难免有所消退。

如何才能保持一线员工服务热情不消退？从实践与调查看，赞赏在很大程度上是鼓励员工服务热情的动力所在。许多地勤人员、空服人员都说，"乘客对我的一个微笑，就是我工作最大的动力""没想到乘客还给我写了表扬信，鼓励我继续为香港航空服务，发扬热情服务的精神""感谢乘务长给我提供了很多鼓励"……很多类似的经验都表明：一个小小的赞赏就能够令一线员工打起精神，充满热情。

一个赞赏看起来没有什么了不起，但却是对一线员工服务结果的肯定。在心理学的研究中，正强化理论对此作出了相应的解释。正强化是指任何导致我们以后增加该行为可能性的结果。行为会带来一些结果，这些结果又会影响我们下一步的行为。当行为的结果导致我们以后进行该行为的可能性增加时，正强化就发生了。一个赞赏就是一次正强化，一次赞赏虽然力量有限，但不断积累的正强化效应，尤其是当公司形成了赞赏文化,那么赞赏就会对员工的服务热情起到激励作用。

尽管赞赏看似不起眼,但在现实中却显得特别稀缺。相比于赞赏,工作和生活中却总是批评更多。针对这一情况,香港近年来还成立了赞赏文化公司。这是一家推崇赞美的机构,专门对表现优异、获顾客嘉许的员工或部门进行探访与赞赏。香港航空与赞赏文化公司合作,积极在公司推动赞赏文化。香港航空地面服务有限公司就曾经请赞赏文化公司为获得乘客嘉许的同事给予鼓励。

这则故事的主角是负责值机柜台的同事 Yolanda[1]。她值班当天正巧台风袭港,大多数航班受到影响。那天,一位乘客来到 Yolanda 面前,表示自己已经在机铁站预办过登机,由于担心天气可能变得更坏,便想转乘早一班飞机回台湾。

Yolanda 了解过情况后,便立即请示了主管 Jessica,虽然当时机位有些紧张,但 Jessica 还是想尽力帮助乘客找到空座位。接着,Yolanda 为乘客办理了转换航班手续。随后,她便有条不紊地为乘客妥善办理了早一个航班的登机手续,并叮嘱了行李部同事及行李搬运公司,将该位客人的行李转移到新航班上。整个过程下来,乘客感到非常满意,他赞叹 Yolanda 接受他的要求,并迅速又妥当地为他打点好一切,令他能乘坐早一班航班到达目的地。

香港赞赏文化协会收到了那位乘客的赞赏,便与香港航空地面服务有限公司合作,为 Yolanda 送上鼓励。香港赞赏文化协会还特别请来了香港知名演艺人夫妇陈国

图 2-3 香港赞赏文化公司邀请香港明星罗敏庄一家赞赏 Yolanda 提供热情的服务

图片来源:香港航空服务部。

---

[1] 感谢香港航空地面服务有限公司供文。

图 2-4　香港航空的赞赏卡片
图片来源：香港航空服务部。

邦先生和罗敏庄女士，以及他俩可爱的女儿，在 Yolanda 正在柜台值班的时间，来到了机场。

一开始，罗敏庄女士故意刁难 Yolanda，故意投诉说之前预订了座位，但到机场以后发现航班没有给她保留预订的座位。待 Yolanda 有点不知所措的时候，罗女士和陈先生这才友善地道出来意——其实他们是来赞赏和鼓励 Yolanda 热心帮助乘客的优秀表现。这时，Yolanda 才知道这是公司为她策划的赞赏行动。

赞赏是简单的，但它的正面影响却可以无限放大。一句衷心的赞赏，或是一个鼓励的笑容，都能化成一线服务人员的强心针。

为了把对员工的赞赏塑造成为公司的赞赏文化，还需要相应的制度作为保证。比如，香港航空公司服务部制定了香港航空顾客服务卓越奖励项目（Customer Service Excellent Programme Award，CSEP）。该项目定期组织公司高管召开颁奖仪式，在颁奖活动中，邀请获奖员工分享自己的服务心得或服务经验。通过类似的公司活动，逐渐在全公司形成了赞赏文化，对于促进一线员工保持服务热情起到了很大作用。

除此以外，日常工作中也要时时刻刻给员工加油打气，当面一句赞美之词或者留下一个赞赏的卡片，常常会起到意想不到的效果。上图就是香港航空职员为公司设计的赞赏卡。在这张卡片上，乘务长、飞行中队长或者服务总监能够给员工写下赞赏的文字。卡片虽小，却对员工激励起到了很大的作用！

创新的力量：
勇于尝试，锐意进取　03

为了服务能够与时俱进，公司需要创新的力量。创新的力量来自新产品的开发、新服务的设计、新营销的策划。

围绕创新的力量，香港航空不断挖掘乘客需要，实现产品创新；鼓励全方位的奇思妙想，设计出更贴近乘客的新服务；结合新技术、采取新思想，通过创新营销方式，与乘客建立起跨越时空的顾客关系，实现企业与乘客的零距离。

香港航空在创新方面突飞猛进，这一切得益于敢于突破常规的创新文化。凭借突破常规的力量，香港航空把那些看似习以为常的问题解决好，日积月累，取得的创新成果日渐丰硕。

1. 产品创新：挖掘乘客需要

首创年票产品

年票是什么？针对商务舱乘客，以相对优惠的价格一次购买三张或五张往返套票，不设逗留天数，可免费更改乘机日期的机票。年票在香港航空业尚属首次创新的产品，该产品的推出受到了商务乘客和部分家庭乘客的欢迎。然而，在策划年票产品时，却一度让香港航空商务部的同事们忐忑不安。

年票其实是被逼出来的创意。2013年，公司面临商务舱载客量增长停滞和飞行常客计划的会员增长迟缓等多项压力。相比之下，国泰航空和港龙航空商务舱的客座率却非常高，尤其是国泰航空商务舱的客座率甚至可以覆盖整趟航班的运营成本。得益于历史悠久和品牌优势，国泰航空已经赢得广大商务舱乘客的信赖。大多数秘书或代理公司在给商务舱客人订票时,都习惯性地选择国泰航空。更直接的原因是,为了避免上级对所订的机票不满意,秘书或代理公司通常倾向于选购品牌知名度较高的供应商。这虽然是人之常情,但问题在于,香港航空作为后来者,如何才能脱颖而出,吸引到商务舱乘客呢?

在一次开会讨论时,有同事分享了一个做进出口贸易的朋友跟他的抱怨:"突然要去北京开会,临时买机票实在太贵,但行程不确定又不能提前买票。"这种订票两难的问题经常让中小企业束手无策,而且是普遍存在的问题。

于是香港航空商务部把目光投向了中小企业,中小企业是香港经济社会的重要组成部分。目前,香港大约有 30 万家中小企业,约占香港企业总数的 98%。中小企业规模小,为了节约成本,出差预算相对于大公司要低很多。针对这一类型的商务乘客,香港航空商务部创新开发出了"年票"产品——乘客能够以相对优惠的价格一次购买三张或五张套票,不设逗留天数。价格优惠、时间灵活是年票的最大特点。

另外,考虑到商务乘客行程变化大,常有临时活动,或遇到会议改期,要支付高额改期费用。所以,把年票设计为可以免费改期,乘客可根据自身需要随时更改航班日期。免费改期成为年票产品的又一大亮点。

然而当时推出年票时还面临的一个挑战是,香港航空业内没有年票产品,这一产品会不会过于陌生,让乘客难以接受?如何让大众认识到年票的优越性?如果年票推出后不成功,公司要承担的风险是什么?不明朗的产品前景令商务部的同事们再次陷入困境。最后,大家决定还是冒险一试。年票产品的推出,使香港航空成为香港航空业中首家推出年票产品的航空公司。

年票以相对优惠的价格推广公司的商务舱,优质的服务和实惠的价格,吸引到了不少乘客。同时,更多乘客有机会了解到香港航空的商务舱服务也是相当不错的,从而在乘客间建立了良好的口碑。意料之外的是,年票产品还吸引了不少家庭乘客,这类乘客因工作缘故与亲友分隔两地,经常需要往返两地,还有一些异地恋的情侣也受惠不少。

年票产品最初只推出香港到华东地区的年票。乘客可以在上海、杭州和南京三个城市,随意选择目的地。最近,随着公司开辟的航点不断增加,年票产品已经发

03

创新的力量：勇于尝试，锐意进取

图 3-1　香港航空年票

注：香港航空年票凭借优质的服务和实惠的价格，对乘客具有很强的吸引力。年票将香港往返东京 / 大阪的价格降低至 4 900 港币，而其他公司的价格在 20 000 港币左右（该年票价格有效截止日期为 2016 年 12 月 31 日）。❶

图片来源：香港航空商务部。

展到了北京 / 天津、台北、曼谷和东京 / 大阪。

现在，香港航空的乘客可弹性选择更多目的地，年票可以满足更丰富的乘客需求。以香港到东京 / 大阪为例，根据日本政府观光局的数据显示，2014 年，访日两至三次的港人占三成，超过四次的港人高达 52.8%❷，可见接近八成港人一年内多次到访日本，对日本喜爱有加。适逢 2016 年 7 月 1 日香港航空新增东京航点，香港航空商务部充分利用公司日本航线的优势，回应市场需要，推出日本年票产品，以热门旅游城市东京和大阪为一组，乘客更可选择香港直飞东京，再从大阪返回香港。这一贴近乘客需求的飞行路线，不仅为他们节省了旅行开支，还省却了多次购票的麻烦或来回转机的劳累。

在年票销售方面，销售渠道从单一旅行社渠道发展到多个渠道销售。年票最初只在旅行社代理销售，现在已经慢慢发展成为公司官网的特色产品，并同时开发微

❶　感谢香港航空吴淑君提供年票价格的相关信息。

❷　香港航空商务部。

信和 APP 销售渠道。多重销售渠道令年票销售额翻倍增长，目前年票产品已能独当一面，成为主力销售产品。

为配合公司飞行常客计划的发展，2015 年新增规定：乘客须加入金鹏俱乐部方可购买年票。加入金鹏俱乐部，乘客可以累积飞行里程兑换机票。同时，该项政策希望让更多人了解公司的飞行常客计划，亦可借此为公司增加忠诚顾客。

年票给乘客多提供了一个认识香港航空的窗口，帮助公司建立与乘客信任关系的桥梁，为公司培养了不少忠诚乘客。这都有赖于公司团队敢于突破，勇于创新！

一票双城：香港－黄金海岸－凯恩斯－香港

在产品创新的道路上，永无止境。不仅要挖掘顾客未被满足的需要，更要创造顾客的需要。因为很多时候，顾客潜在的需求，顾客自己也未能发现。比如香港航空开通黄金海岸和凯恩斯的航线就是一个典型案例。

黄金海岸和凯恩斯均为澳大利亚昆士兰州著名的旅游胜地，两座城市一南一北，两地之间相距 1 785.56 千米。黄金海岸位于澳大利亚东部海岸中段、布里斯班以南，由一段长约 42 千米、10 多个连续排列的优质沙滩组成，以金色沙滩而得名。气候宜人，日照充足，海浪险急，适合冲浪和滑水，是冲浪乐园，也是昆士兰州重点旅游区。

凯恩斯是昆士兰州北部主要的城市，城市周围被热带雨林区环绕，拥有绵延两千多千米世界最大的活体珊瑚礁群景观、迷人的海岸线、宝石般的岛屿、银色沙滩及蓝色海洋，同时也是前往潜水圣地大堡礁的门户。绝美景色和太平洋岸边的美丽风光让每个到访凯恩斯的游客都流连忘返。

香港到黄金海岸和凯恩斯的航线早已有之，但是没有哪家航空公司的航线可以同时串联起两座城市，给游客带来很多麻烦。以前游客只能到达黄金海岸以后，再购买黄金海岸到凯恩斯的机票。而且由于凯恩斯直飞香港的航班较少，导致游客又要从凯恩斯回到黄金海岸，再回香港。没有恰当航线，给从香港出发的游客带来很多麻烦，而且增加了不必要的经济支出。

针对这一难题，香港航空推出"一票双城"产品，为乘客提供了更好的选择。一票双城产品的飞行路线为：香港－黄金海岸－凯恩斯－香港。即从香港直飞黄金

03

创新的力量：勇于尝试，锐意进取

图 3-2　黄金海岸及附近的热带雨林景点和凯恩斯区域的大堡礁潜水圣地
图片来源：香港航空官方新浪微博。

海岸，游玩了黄金海岸，乘客持同一张机票乘机到凯恩斯，游玩以后，由凯恩斯直飞回到香港。该航线形成了香港－黄金海岸－凯恩斯－香港的环线，为香港出游的乘客带来了极大的方便，而且节省了机票开支。

之所以开通香港－黄金海岸－凯恩斯－香港航线，其实也是市场逼出来的结果。从旅游市场的增长看，澳大利亚是一个快速增长的市场。据澳大利亚统计局2016年1月12日公布的数据显示，截至2015年11月30日，中国赴澳大利亚的游客首次突破100万人次大关，比上一年度同期增加了21.6%。澳大利亚已经成为中国游客出境游的主要目的国之一。

从政策上看，2016年2月17日，外交部部长王毅称，澳大利亚准备向中国访客发放10年有效的长期签证，该项新政策的推出将促进中澳两国人员往来数量的提升，带动两国经济、文化领域的交流与合作，特别是旅游产业的发展。

图 3-3　香港航空举办飞往黄金海岸的首航仪式
注：左图是首航仪式上公司管理层与乘客合影；右图是乘客在登机口合影留念。
图片来源：香港航空商务部。

从竞争环境上看，香港飞往澳大利亚的航空公司已有国泰航空、维珍航空等国际知名航空公司，这些公司有着雄厚的实力和良好的品牌声誉。而且，现有香港到澳大利亚的航线中，悉尼、墨尔本、堪培拉等热门城市的竞争已经非常激烈。作为后来者的香港航空的市场机会在哪里？

对于澳大利亚航线，香港航空面临的情况：一是澳大利亚快速增长的市场对香港航空具有很大吸引力；二是香港早已开通澳大利亚航线，且竞争非常激烈；三是香港航空商务部的同事们发现香港到昆士兰州的航线产品存在不足之处。如果合理设计航线，准确定位乘客人群，合理开发市场，香港飞往澳大利亚的市场仍然存在机会。

在市场分析的基础上，香港航空采取差异化市场战略。与其他香港飞往澳大利亚的航线的不同之处在于，香港航空开通该航线，意在打造一条澳大利亚黄金海岸与大堡礁区域最具人文生态的纯休闲旅游路线，让更多人能够很方便地享受黄金海岸和凯恩斯沿途美丽的海岛和沙滩，感受南半球的独特自然风光。

从香港航空开通黄金海岸和凯恩斯的航线以来，如预期的那样极大满足了众多游客去昆士兰州旅游的需求。以前从中国飞往黄金海岸和凯恩斯的航班大部分是春节包机、季节性航班等，已经无法满足日益增长的自由行和商务乘客全年出行的需求。现在香港航空直飞黄金海岸和凯恩斯定期航班的开通，确实让香港居民、中国

图 3-4 香港航空航班 HX015 抵达黄金海岸后黄金海岸机场按照传统安排水炮欢迎仪式
注：参加仪式的嘉宾（由左至右）为香港航空商务总监李殿春先生、黄金海岸市长 Tom Tate 先生、市长夫人 Ruth Tate 女士、昆士兰机场有限公司行政总裁 Chris Mills 先生及黄金海岸机场首席运营官 Marion Charlton 女士。
图片来源：香港航空商务部。

内地乃至东南亚区域的游客可以更加方便地前往黄金海岸和凯恩斯旅游。

新航线的开通不仅为香港、内地和东南亚的游客提供了便利的旅游航线，也推动了昆士兰州经济的发展。昆士兰州旅游厅厅长琼斯（Kate Jones）的发言人称，新的航线每年将为昆州输送多达 5 000 名中国游客，为昆州经济带来 1 000 多万澳元的收入，同时为当地创造出 150 余个就业岗位。❶ 一城双票得到了游客和昆州当地政府的欢迎，而且该航线终于结束了黄金海岸与凯恩斯没有固定航班的历史。

2. 服务创新：全方位的奇思妙想

Sweeten You Up——由爱而生的服务项目

当张先生一家人登上飞机时，我便感受到他们非常开心。因为他们将要前往世界上最美的地方——马尔代夫。

但走到座位前，我发现他们面有难色。原来他们的座位分开了。见此情况，我让他们先坐在自己的位置上，待所有乘客上机后再替他们换座位。随后我成功找到其他乘客和他们调换位置。

---

❶ "港航开通澳大利亚直飞两条航线"，http://www.hkcd.com/content/2016-01/08/content_979673.html。

年轻的力量
香港航空服务创新之路

飞机起飞前,张先生跟我说小朋友饿了。我便先给他饼干,再去请示乘务长能否在起飞后给小朋友先发膳食,在得到乘务长的同意后,我便去询问小朋友想吃哪一种套餐,喝什么饮料,在起飞后便把膳食先发给他。当我给小朋友发餐的时候,张先生特别感谢了我,小朋友也露出了开心的微笑。(故事来源:乘务员-Matthew)

故事中的小朋友因得到了很好的照顾,而露出了开心的微笑。但是在飞行途中更常见到的是小朋友大哭大闹的情景,在局促的机舱座位里,急得爸爸或妈妈手足无措,还影响其他乘客的休息。这样的情况司空见惯,大家已经习以为常。

然而,这个已被大家认为不足为奇的事情,却引起了香港航空机舱服务部的关注。3岁以下的儿童乘坐飞机,因为年纪小,忍耐力有限,在飞行途中一方面缺乏玩耍的空间,另一方面因为气压变化而产生不舒适的体感,所以在乘坐飞机过程中经常哭闹。难道这个问题就不能解决吗?

针对小朋友乘坐飞机哭闹的问题,机舱服务部推出了"无忧亲子之旅"的服务项目,该项目旨在为0—11岁的小乘客提供服务,为其父母或监护人减轻负担。每一班飞机上都设有一位 Happy Angle❶ 负责照顾家庭乘客,Happy Angel 会佩戴特别设

图 3-5 Happy Angle 为小朋友提供优先点餐服务
图片来源:香港航空官网。

---

❶ 专门为小朋友提供服务的乘务员。

计的徽章以资识别。Happy Angle 可以协助小朋友就座,为家长或监护人提供安全说明,提供优先机上点餐等服务。

围绕小朋友的需求,"无忧亲子之旅"还进一步衍生出了预订儿童餐和赠送飞行日志的服务。婴儿或 11 岁以下的小朋友乘坐香港航空的航班,可以提前预订特制的幼儿餐或儿童餐。Happy Angle 还会给 3—11 岁的小朋友赠送"飞行日志"和彩色笔。飞行日志中包含了有趣的游戏,也可以让小乘客们收集航班登机牌,乘务员、乘务长或者机长的签名,让小乘客们享受一个甜蜜欢乐的空中之旅。

"无忧亲子之旅"服务项目不仅让孩子们的旅途轻松快乐,也为家长们减轻了负担。项目一经推出,立即受到了乘客们的欢迎与肯定。对此,高级乘务长 Joey 表示,"其实我自己也是妈妈,有时候看到乘客一手抱着孩子,一手还要吃饭或者填入境表,确实太辛苦了。自从公司提供 Happy Angle 的服务以后,一个人带孩子坐飞机的家长们,终于可以腾出手安心吃饭了"。细微之处反映了机舱服务对乘客的用心和贴心。在延伸 Happy Angle 服务的基础上,香港航空创新开辟了家庭乘客登机专区,该服务为家庭出行的乘客提供更舒适、开心的服务体验。

鉴于"无忧亲子之旅"项目大受欢迎,受到鼓励的机舱服务部又趁势创新推出

图 3-6　香港航空创新开辟了家庭乘客登机专区
图片来源:香港航空服务部。

了"乐享甜蜜生日"和"送上甜蜜惊喜"两个服务项目。机舱服务部通过分析香港航空的乘客信息和乘机出游目的，发现在生日当天乘机或乘机去度蜜月的乘客不在少数。所以，机舱服务部围绕这一需求点，创新出了"乐享甜蜜生日"和"送上甜蜜惊喜"的服务项目。

"乐享甜蜜生日"是为过生日的乘客免费提供贵宾服务和赠予纪念物。"送上甜蜜惊喜"是机长与全体机组人员为乘客亲笔撰写祝福卡片，向结婚或周年纪念的乘客送上真诚的祝福。

两个服务项目不仅表达了香港航空对乘客的关心，也衍生出了新的利润增长点：两个服务项目均接受预订鲜花、香槟或生日蛋糕。想一想，只需额外支付很少的费用，就可以在万米高空和最爱的人一起品味香槟或生日蛋糕，那也是极好的享受和体验。对于大多数度假的家庭乘客而言，这样的付费项目不仅没有引起他们的抱怨，反而是相当乐在其中。

无论是"无忧亲子之旅"，还是"乐享甜蜜生日"或"送上甜蜜惊喜"，都充满了甜蜜的味道，这三个服务项目构成了香港航空 Sweeten You Up 系列服务项目。该项目作为香港航空的特色服务，已被列为官方网站的宣传热点。香港航空有活力的服务，给乘客送上了看得见的甜蜜。

图 3-7 "乐享甜蜜生日"和"送上甜蜜惊喜"宣传图片
图片来源：香港航空官网。

令人惊叹的空中美食

一段难忘的飞行体验，除了良好的机舱环境、舒适的飞机座椅、宾至如归的优质服务以外，机上餐食也是非常重要的元素。据一项网络调查显示，绝大多数人不会记得自己的前一餐享用了什么，但能够清楚地描述出自己最近一次的飞行途中享用了哪些机上餐食。可见，机上餐食是航空服务不可或缺的元素。

但是，令人遗憾的是，飞机餐食通常都是"难吃"的代名词。由于所有带上飞机的餐食都是航空公司委托食品加工厂提前做好，经过加热后食用的快餐类食品，大多数飞机餐食只要不是太难吃就不错了，更别提美味了。

对这一司空见惯的问题，香港航空餐食部的同事们不断反问自己，难道这个问题不可以解决？餐食部的同事们分析，虽然飞机餐食的制作流程和方法难以做出太大改变，但是，在选择供应什么餐食方面是大有文章可做的。尤其是在头等舱和商务舱，这部分客人数量不多，总体服务工作耗时不会太多，给他们提供精致、美味的食品是完全有可能的。

为了设计出空中美食，香港航空与各地最具代表、排名在当地前三的餐厅合作，精心打造空中美食。目前，香港航空与享誉世界的香港米其林餐厅、香港本地太兴餐厅、上海本帮菜代表老吉士餐厅、曼谷精制皇家泰式菜肴的蓝象餐厅合作，邀请这些餐厅的大厨为香港航空开发出适合在飞机上享用的地道美食。

为致力于"将更好的带上云霄"，香港航空餐食部的同事们根据航线所到达的城市，对应提供相应城市最有代表性的餐食，让乘客还没有下飞机就先让味蕾感受到所去城市的味道。

2013年香港航空与"国金轩"合作推出精致粤菜。在飞往内地和台湾的航班上，香港航空与米其林推荐食府——"国金轩"的合作，踏出了香港航空餐食创新的第一步。香港航空借此为乘客带来了首发惊喜，提供多款体现粤式餐饮艺术的精美菜馔，让乘客在三万五千尺高空中细细品味粤菜的美味与艺术。菜单上不少菜式都用上百年古法，精选香料和食材加以炮制，再经过香港航空与国金轩团队不断的钻研、调整和改良，酒糟金钱䐖、金沙烟熏鸡卷、杞子红枣茶叶鸭、鲍汁虎掌菌虾球、桂花镇江肉开启了寻味旅程的首站。

图 3-8　香港航空与"国金轩"合作推出的精致粤菜
图片来源：香港航空服务部。

2014年香港航空与老吉士合作推出上海本帮菜。在上海飞往香港的航班上，香港航空于2014年与上海本帮菜代名词之一的著名食肆老吉士合作，携手将上海滩经典地道的美食带上云端，配以香港航空无微不至的贴心服务，为乘客带来"飞尝喜悦"的愉快旅程。老吉士以其亲切的环境、怀旧的美味和极好的口碑吸引了大批顾客，包括众多国内外名人，至今仍有很多非常忠实的拥趸，亦因此成为上海滩当之无愧

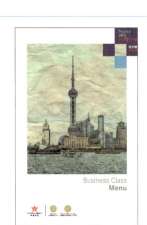

图 3-9　香港航空与老吉士合作推出的上海本帮菜
图片来源：香港航空服务部。

的明星餐厅。老吉士的招牌醉鸡、吉士红烧肉、鸡汁百叶包及清炒河虾仁不但能让乘客对上海的美食念念不忘，宣扬传统老上海风味，同时也展现出香港航空勇于创新、以客为尊的精神，为乘客营造出完美的用膳体验，带来崭新的味觉享受，令每一位乘客都回味无穷。

2015年香港航空与太兴合作推出港式美食。香港航空作为一家成立于香港本地的四星级航空公司，本着"很年轻，好香港"的企业理念，港航不但希望能以最优质地道的菜肴去满足乘客所需，更希望能借此宣扬香港地道饮食文化至世界各地，同时，体现香港航空的香港风情。

图3-10　香港航空与太兴合作推出的港式美食
图片来源：香港航空服务部。

与香港航空有着相似发展背景的太兴饮食集团同样也是以香港为基地，从一间名不见经传的港式烧味快餐店发展成为香港烧味的信誉保证，曾多次荣获香港旅游发展局"美食之最大赏"等各奖项。2015年香港航空与扎根香港25年的太兴携手合作，破天荒为商务乘客呈献港式美馔，让乘客在万尺高空品尝获奖的地道港式佳肴。

香港航空精选餐单中除了专供的江南百花鸡、椰皇虾球及龙耀香江等得奖菜式外，另有耳熟能详的港式叉烧、古香古味的鸭腿汤饭，让每一位搭乘香港航空的贵宾都能切实地体会到富有港式风味及情怀的飞机餐。

2015年香港航空与蓝象餐厅合作推出宫廷菜。除了香港的地道美食外，香港航空更是与以制作皇家泰式菜肴而闻名的蓝象餐厅合作，为曼谷至香港航线的商务乘客呈献多款传统泰式佳肴，将宫廷泰菜风味带上云霄。享有盛誉的蓝象餐厅曾招待世界各国政要明星，毋庸置疑的是传统泰餐及泰国饮食文化的最佳代表。

图3-11 香港航空与蓝象餐厅合作推出的宫廷菜
图片来源：香港航空服务部。

在香港航空从泰国飞往香港的航班上，精选菜单中包括多款蓝象餐厅的特色经典名菜，例如泰式咖喱鲈鱼、马沙文牛肉、青咖喱烩鸡，以及蓝象特别为机上膳食而量身订制的泰式辣椒猪肉炒面和泰式辣椒虾炒饭等。肉质鲜嫩加上秘制酱汁，再配以香港航空乘务员亲切自然的待客之道，让乘客仿佛置身于泰国宫廷当中。

2016年在台北飞往香港的航班上，香港航空与台湾欣叶合作推出台湾菜。相信欣叶传承的精神与成熟技术，地道又让人回味无穷的台菜味道，对于曾到访台湾的人绝对不会陌生。

香港航空时任副总裁孙剑锋先生在因缘际会下品尝到欣叶的"有情·用心·真知味"的精致菜肴，深深感受到欣叶与顾客缔结如亲人般的感情、秉持极致完满的认真态度、致力于追求烹饪中的专业精神与香港航空的服务宗旨不谋而合，于是就缔造了此次的新味觉的尝试。

香港航空与欣叶团队通过不断的尝试，在整个过程中倾入大量的技术指导，最终确定以大家耳熟能详的市井美馔（金瓜炒米粉、乌鱼子蛋炒饭、筒仔米糕、萝卜糕和芋头糕）作为航线的早餐，正餐更是有享誉中华内外的招牌美馔（XO酱炒牛菲力、糖醋台湾鲷、欣叶卤肉、蛋黄蒸肉饼）一并呈献给台北至香港的各位商务乘客，让乘客即使在高空中也能品尝和体会到台湾的真滋味和香港航空的用心。

图3-12　香港航空与欣叶团队合作推出的台湾美馔
图片来源：香港航空服务部。

2016年香港航空将为全体乘客创造非同一般的惊喜。值香港航空十周年庆典之际，商务舱将与星级米其林城中热门餐厅联手，继续提供精致餐食。此外，香港航空还将推出首次加入米其林评选的香港街边小食系列，敬献给经济舱的乘客。

建立乘客互动的机上娱乐系统

如何让乘客在飞行途中享受更多快乐？客舱娱乐系统实在是功不可没。以香港航空为例，客舱娱乐系统为乘客提供了精彩的电影、纪录片、综艺节目和电子游戏。而且，在娱乐节目的选择上，既符合国际潮流，又体现香港特色，同时兼顾文化品位。看似不起眼的客舱娱乐系统,其实都经过了精心的设计和编排。

　　在飞行途中观看电影是大多数乘客最喜爱的娱乐项目。香港航空客舱娱乐系统不仅定期更换电影,而且经常与乘客互动,由乘客投票决定播放什么电影。其中,既有香港电影,也有好莱坞大片、日韩电影;既有最新电影,也有经典老电影。更重要的是,电影播放清单充分聆听乘客的声音。客舱视听娱乐部门联合营销部门,定期在公司的微博、订阅号上面发布拟播放电影的清单,乘客可以参与投票,投票数量最多的就是下一期机上娱乐系统播放的电影节目。通过乘客参与互动,把选择权交给乘客,尽可能让他们感到称心如意。

图 3-13　香港航空客舱视听娱乐部门隆重推出回忆香港经典电影活动并联手营销部在微博上与乘客互动
图片来源:香港航空新浪官方微博。

　　娱乐节目方面,香港丰富的娱乐资源为机上娱乐系统的开发提供了丰富的节目内容。香港航空引入了最新的综艺节目和综艺新闻,此外,为了满足内地乘客的需求,娱乐节目中也会补充一些内地综艺节目,比如《中国新歌声》《爸爸去哪儿》等。毕竟香港航空 60% 的乘客来自内地。所以,娱乐节目也尽可能多元化,满足乘客不同的需求。

　　当然,客舱视听娱乐部门也会兼顾知识类和游戏类项目。香港航空为满足对财经、文化、地理感兴趣的乘客的需求,为他们准备了一些财经报道、BBC 纪录片、世界名校介绍等节目。客舱视听娱乐部门也考虑到了部分游戏玩家的需要，特意在机上娱乐系统中提供体育竞技类电子游戏，让部分乘客利用飞行途中的整段时间，去过足游戏瘾。

为了不影响乘客们的视听体验，客舱娱乐系统对广告也做了精心的挑选和严格的限制。一方面，要求机上播放的广告都是高品质制作，广告品牌与乘客定位相匹配；另一方面，将广告的播放时间严格控制在 5 分钟之内，根据不同的节目内容，安排不同的广告播出时间。以此来确保乘客能够享受高品质的娱乐体验。

最后，还有一个常常被忽略，但很重要的机上视听项目——飞机登机音乐和到达音乐。在感官营销的领域中，大量成熟的研究证明，声音对顾客的行为具有潜移默化的影响。也许就是一句歌词、一段旋律就能够让顾客对该服务的提供商念念不忘。如果对此存有疑虑，上网搜索一下，就会看到很多网友的提问，"某某航空公司在登机（或下飞机）时播放的音乐是什么？"

对此，香港航空客舱视听娱乐部门可是煞费苦心。为了突出香港航空的香港特色，特意邀请乐队原创了一首歌曲作为登机音乐。同时为了兼顾不懂粤语乘客的需要，在下飞机时播放一首原创的、旋律轻快的乐曲，没有歌词，只有旋律，带给乘客意犹未尽的感觉。

图 3-14 在香港航空的航班上一名乘客正在玩足球游戏

图片来源：香港航空新浪官方微博。

突飞猛进的机舱零售业务

品尝了美食，看够了电影，还缺少购物啊！对于有购物需要的乘客，现在再也不会有此遗憾了。目前，很多航空公司都已经开通了机舱零售业务。在飞机上购物当然也是不错的休闲方式，尤其深受女士的欢迎。

机舱零售业务也给来不及带礼物给亲朋好友的商务乘客们提供了极大的便利。曾任香港航空副总裁的孙剑锋先生透露："化妆品及烟酒是销量最高的机舱产品。由此可以判断男性商务乘客也是重要的买家。"可见，机舱购物不仅是女士的专利，也深得男性商务人士的欢迎。

据媒体报道，在往返于港台之间的航班上，内地游客对免税品的购买力是相当强劲的。因为在飞机上购物不用交税，售价比内地还便宜40%，再加上有气质优雅的空姐的推销，还有亲身的体验，免税品销售潜力相当大。据业内人士透露，台湾华航引入机上购物以后，公司业绩呈现明显增长，公司的净利润从4亿多台币增长到6.5亿台币。❶

跟随行业先行者的步伐，香港航空也在飞机上推出免税品销售，并且取得了相当不错的效果。不仅让乘客打发了长途飞行的时间，买到了想要的产品，也提高了公司的辅助营业收入。下面便是一段乘客机上购物的愉快经历。

记得这是一班由香港前往马尔代夫的长途班机，那天，我在当值免税商品的销售服务。当我在经济舱推销免税品时遇到了陈小姐，她希望选购一些美容产品。陈小姐说这趟旅程是她生完小孩后跟丈夫的第一个度假旅程，她正对自己的皮肤状态感到担忧。了解到陈小姐的需求后，我便向她分享了自己的一些经验，并介绍了几款产品，对此陈小姐感到非常满意。陈小姐觉得自己的问题得到了很好的解决，而且我们还很愉快地交流了皮肤保养的经验。陈小姐最后感叹道，"这真是一场不同寻常的购物体验"。（故事来源：乘务员-May）

---

❶ "内地客爱空中购物，港台航班变身免税店"，http://sztv.cutv.com/gangaotai/201101/1410556014.shtml。

为了拓展空中零售业务,香港航空积极寻找合作伙伴,努力给乘客创造良好的机上购物体验。2014 年 1 月,香港航空与全球最大的机舱免税综合运营商 DFASS 集团❶合作推出全新的机舱零售服务 SkyShop,从此加速开拓香港航空"空中商城"的领域。目前,香港航空在飞机上销售的免税品主要包括四类产品:美容产品、香水、烟酒和手表。

为了给乘客提供丰富的产品选择,香港航空向 DFASS 集团积极争取新加盟品牌。在 DFASS 代理的现有品牌外,香港航空还争取到了多达 17 个最新加盟的品牌,将之纳入 SkyShop 提供的购物清单中,包括 Crabtree and Evelyn 名贵护肤品、Hugo Boss 香水、Superdry 手表等。其中 Johnnie Walker 和 Gucci 更会在香港航空优先呈献其全新产品。

图 3-15 质优价廉、选择丰富的机上免税品
图片来源:香港航空服务部。

除了提供优质的机舱零售服务外,香港航空还设立网上平台,乘客可以通过网站预先订购,并于回程航班上提货。通过网上购物平台,香港航空提前了解了乘客们的购物需求,打破了时空限制,创造了更丰富的购物方式。

通过与 DFASS 的合作、建立网络购物平台,充分显示出香港航空为乘客带来更精彩产品及服务的决心。香港航空除了打造最佳的飞行体验外,更搜罗全球各类顶尖产品,力求为乘客提供尊贵服务和创新的购物经验,让乘客在飞机上轻松购买到

---

❶ DFASS 集团由现任主席兼 CEO 的 Benny Klepach 先生于 1987 年创立。如今,积累了 29 年业内经验的 DFASS 集团已经成长为一个拥有超过 600 名全职员工,在世界 5 大洲建立并营运 75 个仓库及分销站的全球最大的航空免税商品特许运营商,在海内外享有盛誉。

心仪产品。

2014年是香港航空及其机舱销售特许经销伙伴DFASS集团丰收的一年。尽管是第一年合作，但是香港航空机上免税商品销售额较上一年同期大幅攀升78%，机上人均消费金额较上一年同期增加56%。为了表彰香港航空机舱免税品销售的快速进步，DFASS给香港航空颁发了"2014年合作伙伴表现—年度最佳进步奖"。

图3-16　时任香港航空副总裁孙剑锋先生推荐全新SkyShop优先呈献——Johnnie Walker特别版

图片来源：香港航空服务部。

香港航空机上免税品销售业务之所以能够取得突飞猛进的发展，是苦练内功、善借外力的结果。从内部看，香港航空机舱销售部门不断改进人员服务以及航机上的软硬件设备，推动了机舱销售的发展。首先，公司为核心销售团队安排的专业培训大大提升了机上免税商品销售服务的水平，机队人员从中获得更多有助于加强销售及增强信心的技巧。其次，SkyShop机上免税品购物指南杂志升级成为豪华版，引进了新的顶尖品牌，给乘客提供了更丰富的选择和更优质的品牌。

从外部看，DFASS广泛的品牌代理资源和领先的空中销售技术，对香港航空机上销售业务起到很大的促进作用。其中，空中使用信用卡业务帮助香港航空解决了空中购物的支付难题。DFASS集团AirCommerce实时空中对地面信用卡授权系统率先在香港航空推出，这项新技术使乘客可以在香港航空的飞机上进行实时刷卡授权，解决了乘客只能使用现金支付的难题。对乘客而言，实时信用卡授权的好处在于航空公司可以取消目前飞行时信用卡在空中的消费限额，便于乘客进行大额消费。此外，该服务开辟了未来接受其他付款方式的可能性，如银行卡及电子货币包，还可用于常旅客实时累积飞行里数和兑换计划。

DFASS集团副主席John Garner先生表示，DFASS将继续把尖端科技应用于香港航空的空中销售业务，包括机舱零售服务、回程提货服务和物流处理技术，这些加上 DFASS 在国际上的规模和专业知识，将会为香港航空的团队提供最有效率的机舱购物程序，满足乘客需要。

2015 年香港航空推出品牌大使计划，进一步提升了机上免税品销售服务水平，巩固了机上零售业绩。在该计划中，香港航空引入了更多优秀的机组人员投入到机舱零售业务，并且根据机组人员的销售表现，香港航空挑选了一支表现最出色的销售团队，担任多个品牌的品牌大使。他们接受深入的培训，并获发有关品牌的产品样本，为乘客提供产品体验，并为乘客提供专业建议。很多国际知名品牌积极参与这项服务活动，比如 Jill Stuart、Lifetrons、no! no!、Paco Rabanne、Pandora、Prada、SK-II、Talika、Valentino 及 Veld's。

图 3-17 香港航空推出品牌大使计划
图片来源：香港航空新浪官方微博。

通过持续的努力，2015 年香港航空成为亚洲唯一一家跻身 ISPY "年度最佳航空公司"最后四强的全服务航空公司。2016 年 2 月在伦敦举行的 ISPY 颁奖典礼上，香港航空更是获得了举世关注的"年度最佳航空公司"大奖。此外，香港航空机舱服务员郑智杰先生及谭慧娜小姐获得最佳产品销售团队奖银奖，并取得最佳销售机舱服务员证书。

香港航空夺得"年度最佳航空公司"大奖桂冠，十分不易。2016 年角逐大奖的航空公司包括国泰航空、港龙航空、新加坡航空、维珍航空及加拿大航空等 28 家世界级航空公司。在比赛期间，决定获奖者名单之前还需要进行半小时的专业答辩。答辩以后，最终由评审委员会决定大奖花落谁家。香港航空夺得"年度最佳航空公司"实为莫大的鼓励！

图 3-18　香港航空荣获 2016 年 ISPY "年度最佳航空公司" 大奖
图片来源：香港航空服务部。

对于香港航空这一立足本地的航空公司而言，依托香港这座购物天堂，开辟空中购物天堂，还有巨大的市场潜力可以挖掘。首先，香港航空具有的优势是连接了香港购物天堂和一大批有购买力的顾客。香港具有相对完善的诚信体系、法律体系和采购体系，加上香港特别行政区政府的免税政策，使得香港成为远近闻名的购物天堂。这种优势尽管有后来者紧追不舍，但只要香港充分认识这种优势，并不断巩固加强，这种先发优势仍会保持较长一段时期。所以，内地顾客仍然会络绎不绝地涌向香港休闲和购物。

其次，香港航空可以与国际知名品牌建立战略合作，以更优惠的价格开辟空中购物渠道。近年来，虽然香港当地的零售业有下滑的趋势，入港购买名牌产品的消费者出现减少的趋势，但是，随着香港航空在内地开辟航线城市的增加，每年运输的乘客持续增加。香港航空不妨尝试把增加的客流量转化成为免税品的潜在购买者，也许香港当地零售的萎缩反而是发展空中免税购物的契机。

最后，香港航空可以尝试跨界联合创新，开拓港货代购业务。香港航空每天都有多次航班开往北京、天津、上海、杭州，这些城市具有大量潜在的顾客追求正宗的港货。如果与阿里巴巴等购物平台、顺丰等快递公司合作，发展起港货代购，让内地顾客可以通过网络在香港购物，补交一定关税后在家中就可以收到正宗的港货，作为香港航空的乘客还能享受一定的免税额度，那将是一项体量十分巨大的生意。虽然创新之路困难重重，但是办法总比困难多，只要用心实施，就一定能够实现香港与各地互通有无、货通天下的梦想！

3. 营销传播创新：新思想，新策划

社会化媒体整合话题营销

社会化媒体的兴起，极大地改变了消费者接触信息的渠道和方式。从获取信息的渠道来看，微博、微信、订阅号、朋友圈、社交网络、手机视频等成为消费者获取信息的主要来源。从信息获取的方式看，消费者逐渐从大众媒体时代被动接受信息转变成为主动获取信息，甚至成为信息的内容创造者和传递者。消费者通过搜索引擎获取想要的信息，看到令自己兴奋的信息并上传朋友圈或者微博，与自己的朋友分享。在社会化媒体时代，营销需要创新，利用社会化媒体工具，实现品牌与消费者之间的零距离，让品牌嵌入到消费者的生活中去。

要实现品牌嵌入到消费者生活之中，首先要让品牌能够成为话题。传统营销重金聘请品牌代言人，通过铺天盖地的广告去宣传品牌的效果已经大打折扣。相反，话题式营销变得更有活力。比如，苏宁从传统零售商转型为O2O商业模式后，为了把这一转变传递给消费者，苏宁并没有直接通过广告的方式去"大声"宣传，而是通过体育营销的方式，吸引消费者眼球。在苏宁O2O商业模式转型之际，2015年苏宁收购江苏舜天足球俱乐部，改名为苏宁足球俱乐部，正式进入中超足球联赛。当亿万观众在观看足球比赛的时候，苏宁就成了消费者谈论的话题，这就将苏宁的品牌悄无声息地嵌入到了消费者的生活中。

为了制造话题，香港航空结合香港本地特色，借助经典的港片，通过品牌植入进行品牌宣传活动。香港航空于2013年赞助TVB电视剧《冲上云霄Ⅱ》，并于2015年再次赞助电影版《冲上云霄》。出乎意料的是，这次品牌植入使香港航空成了观众们讨论的话题，引起了广大影迷在微博和朋友圈的点赞或转发，达到了很好的品牌

传播效果。

其实植入营销并不是什么新鲜的营销方式,观众们早已接触过。大多数情况下,观众们对电影植入的品牌广告都会嗤之以鼻。因为这些品牌广告植入得比较生硬,与剧情融合较差。因此,广告植入对品牌宣传的效果并非都是很好。

有鉴于此,香港航空在《冲上云霄Ⅱ》中特别小心品牌曝光的显性植入。在电视剧中,香港航空很低调地在道具展示、商标曝光等方面进行了品牌露出,虽然香港航空的飞机、维修场地、道具、人员反复出现,但只有细心的观众才会发现蛛丝马迹,所以并未招致观众们的反感。

但是,香港航空却在隐性植入上大张旗鼓——香港航空品牌中心的团队重点是在《冲上云霄Ⅱ》中采取理念植入的方式。理念植入是指把公司的品牌理念、专业标准、工作规范等融入电视剧剧情之中。理念植入的好处是,一方面使电视剧看起来更加真实;另一方面品牌植入痕迹不容易暴露,给公众良好的观看体验。

在电视剧拍摄过程中,香港航空的机师和空乘团队对电视剧演员进行了专业的指导,在提升剧集专业质量的同时也让更多的观众感受香港航空的专业性,将公司"很年轻,好香港"的理念融入剧情之中。由于香港航空很好地与电视剧情相融合,所以香港航空也被网友认为是剧中航空公司的原型。

《冲上云霄Ⅱ》播出之后,收视率全线飘红,成为TVB近年来难得的既叫好又叫座的电影。剧中飞行员认真地对待每次飞行、空乘耐心细致的服务都将香港航空年轻活力的企业形象展示得淋漓尽致。因此,香港航空也悄然成为观众们的一个谈资。

应用新媒体,持续讨论话题。对于品牌而言,微信、微博等新媒体最大的好处就是打破了与消费者之间的时空距离,让品牌能够与消费者24小时交流。因此,新媒体已成为品牌营销的有效工具。

香港航空通过植入《冲上云霄Ⅱ》引爆了观众讨论的话题,下一步自然是希望能够把话题讨论保持下去。一是为了提高话题在观众心目中的活跃度,二是为了拉近品牌与观众之间的关系。所以,在2013年的7月至9月之间,香港航空在新浪官方微博上策划了一系列"和香港航空一起飞上云霄"的活动。活动主要内容是让网

图 3-19　香港航空赞助《冲上云霄》

注：左上图为香港航空总裁张逵先生出席电视剧《冲上云霄Ⅱ》的发布会；右上图为电视剧《冲上云霄Ⅱ》开拍仪式；下图为电影版《冲上云霄》海报。

图片来源：香港航空品牌中心。

友们寻找剧集中有关香港航空的元素，通过截屏或者发图片@香港航空，就有机会赢得免费机票或其他礼品。通过微博互动，保持了网友对香港航空品牌的关注度，有助于提高网友对香港航空的了解和喜爱。

伴随该活动同时进行的还有一系列的促销活动，比如与第三方旅游平台共同策划的"想飞就快"的活动。在当天剧集结束之前，推出香港到泰国曼谷、马来西亚沙巴的特价机票。该活动与广大网友进行了良好互动，不仅传播了香港航空的品牌，也将不少网友转化成了香港航空的忠实粉丝。

跨屏整合，线上线下联动，把话题传播得更远。虽然理念植入把香港航空高度融入到了电视剧之中，但是其信息依然主要是在电视屏幕上传播。于是，香港航空通过召开新闻发布会、媒体报道、微信微博的传播，将信息传播从电视屏幕，跨越到手机屏幕、电脑屏幕或液晶广告屏幕，实现跨屏整合，提高宣传效果。

除了线上宣传，也不能忽略了线下宣传。线上线下联动，更有助于把活动的气氛推向高潮。趁着热播剧《冲上云霄Ⅱ》即将结局之际，2013年9月，香港航空又策划了一次"香港航空带您冲上云霄"的大型路演活动，把公众对于航空职业的兴趣和好奇推向了顶点。

活动当日，香港航空在铜锣湾世贸中心举行"香港航空带您冲上云霄"的大型

图 3-20　香港航空微博搭上《冲上云霄Ⅱ》的顺风车推出特价机票抢购活动

图片来源：香港航空新浪官方微博。

路演活动，让公众一睹机师的风采。在现场，不仅有小孩子表演的制服秀，还有美女空乘现场演绎咏春拳，更有三亚旅游局的代表现场介绍剧集拍摄的取景地以及台湾观光局的"三太子"表演。❶ 整个活动的高潮当属剧中主角Sam哥❷亲临现场，引发粉丝的尖叫，Sam哥在现场也分享了许多飞行时的趣闻。通过路演活动，更强化了香港航空与《冲上云霄Ⅱ》之间的"品牌联想"。

香港航空此次植入热播港剧和电影的营销策划，通过香港元素体现出香港航空立足于本地的品牌定位。同时，借助积极向上、努力拼搏、年轻活力的演员形象和剧情主题，向外界传递出一个年轻有活力的公司形象，展现出香港航空努力构建的品牌个性。

在品牌营销上，香港航空采用整合营销的策略，通过跨越不同的传播渠道和平台去输出统一的信息，以达到不同信息渠道之间的优势互补和概念一致的效果，最终形成消费者对香港航空的品牌认同，提高了品牌的忠诚度。

---

❶ 近年在台湾流行的娱乐活动，源于庙会的三太子阵头（由巨型的木偶哪吒装扮而成），早期皆以传统锣鼓为背景音乐，后来加入流行动感的电子音乐，传统民俗结合现代节奏，意外地受到年轻族群的欢迎。

❷ Sam哥是《冲上云霄Ⅱ》中的一个角色，该角色由香港知名演员吴镇宇扮演，因为吴镇宇的出色表演，使Sam哥的形象赢得广大观众的欢迎和喜爱。

节日营销，制造惊喜

节日是大家欢庆、度假的日子，也意味着广大消费者有时间去休闲和购物，所以也是各大品牌集中宣传、大力促销的日子。对于商家而言，节日营销是期待已久的时刻，但是由于众多品牌都在相同时间进行宣传，要吸引顾客眼球，品牌务必力求能够给顾客制造惊喜。

在 2015 年圣诞节期间，香港航空与秒拍网合作，在北京首都国际机场策划了一起阿卡贝拉快闪活动，让广大乘客和网友为之一惊，大呼精彩。香港航空圣诞营销活动深受广大乘客和网友们的关注，得到了网友的频繁点赞，还有网友评论道"瞧瞧别人家航空公司的圣诞活动"。

阿卡贝拉（即无伴奏合唱）起源于意大利，可追溯至中世纪的教会音乐，当时的教会音乐只以人声清唱，并不使用乐器。快闪是"快闪影片"或"快闪行动"的简称，是新近在国际上流行的一种嬉皮行为，可视为一种短暂的行为艺术。简单地说就是：许多人用网络或其他方式，在指定的地点、明确的时间，出人意料地同时做一系列指定的歌舞或其他行为，然后迅速闪开。当"快闪行动"的视频上传到网上以后，将产生巨大的传播影响力。香港航空品牌中心结合阿卡贝拉和快闪行动，策划了一起令乘客和网友惊喜的圣诞活动。

2015 年 12 月 23 日，由北京飞往香港的 HX337 航班登机前出现了惊喜一幕——

图 3-21 香港航空圣诞活动海报
图片来源：香港航空品牌中心。

年轻的力量
香港航空服务创新之路

图 3-22 2015 圣诞节年香港航空在北京 T2 航站楼策划的阿卡贝拉快闪活动

图片来源：香港航空新浪官方微博视频截图。

五位俊男靓女从人群中走出，以阿卡贝拉方式在现场唱起了歌，歌声非常悠扬动听。歌声结束以后，圣诞老人装扮的魔术师为等待登机的乘客变出各种小礼物。

伴随着 We Wish You a Merry Christmas 的乐曲，乘客们更是每人得到了一份神秘的"圣诞大礼包"。原来，这些都是香港航空为乘客特别准备的圣诞礼物，现场更有一位幸运乘客获得了一套香港航空内地任意航点往返香港的免费机票。惊喜的乘客纷纷在现场合影留念，记录下难忘的时刻。本来乏味的等待登机时间，也因为香港航空的圣诞活动变得快乐起来。

而当日乘坐 HX312 航班从香港飞往北京的乘客，在取行李时同样也收到了香港航空给乘客们制造的节日惊喜。当下飞机的乘客走到行李传送带前时，他们赫然发现取行李的地方被闪耀的圣诞树所装点。随着悠扬欢快的圣诞旋律响起，行李传输带上缓缓出现的行李上都系着超大号的圣诞袜。许多乘客不可思议地拿下自己的行李箱，翻看圣诞袜里的惊喜。不少人用照片和视频记录下了寒冬里香港航空送出惊喜的一刻。

据现场香港航空工作人员回忆，乘客们刚看到行李上的圣诞礼物时都很惊诧，"很多乘客看着自己的行李箱在行李带上转了很久都不敢认。不过也有乘客一眼就看出了这是香港航空给他们制造的惊喜，一些被感动的乘客当场就打电话跟家人说'香港航空今天送了好大惊喜'。"一对正在蜜月中的英国夫妇更是兴奋地表示在异国他乡能收到圣诞礼物，感到十分惊喜。

图 3-23 来中国度蜜月的英国夫妇收到香港航空的圣诞礼物

图片来源：香港航空新浪官方微博视频截图。

该活动视频在秒拍平台发布后，关注热度在短短两天内升至 80 万，获得过万网友点赞，大家纷纷留言"香港航空好温暖""没有人不喜欢惊喜，所以才会格外温暖。""看哭了！好有爱，好感动。"

而香港航空与秒拍同步在新浪微博上发起的"飞偿心愿·香港航空"话题，也引来近 500 万网友的关注和参与，连明星陆毅也拍了与 mini 贝儿❶"咬鼻子"的温馨圣诞视频参与了此次活动。

在当前的社会，消费者对企业的诉求除了优质的产品和专业的服务，还需要企业输出带有温度的品牌文化。香港航空整合营销新玩法不仅收获了众网友的好评，还借此传递了其"很年轻，好香港"的良好形象和人性关怀的品牌个性，所以香港航空在此圣诞节的节日营销中脱颖而出。

创新应用 AR 营销，让乘客身临其境

2016 年暑假，香港航空品牌中心采用 AR 技术❷，在广州策划了一起梦幻新西兰之旅。2016 年 8 月 23 日，位于广州东方宝泰购物广场负三层中庭的活动现场人气高涨，在模拟登机室的体验区门外，排队进场的乘客络绎不绝。他们手拿"机票"等待着一段美妙"旅程"的开始。

---

❶ 内地演员陆毅二女儿的昵称。

❷ AR（Augmented Reality），即增强现实技术，是一种实时地计算摄影机影像的位置及角度并加上相应图像、视频、3D 模型的技术，这种技术的目标是在屏幕上把虚拟世界套在现实世界并进行互动。

图 3-24 香港航空圣诞活动视频获得众网友好评与赞赏
图片来源：香港航空官方微博截图。

在这段"旅程"中，乘客不仅能领略到新西兰多彩的自然景观，还能在 AR 技术的帮助下与来自新西兰的小动物互动，更直观地感受奥克兰❶风情。因此香港航空在 AR 互动素材的选择上特别挑选了奥克兰最具代表性的风景元素：牧场、羊驼、海洋、魔鬼鱼以及《海底总动员 2》中主角尼莫的原型——小丑鱼。参与体验的乘客将在香港航空空姐的带领下上天下海，仿佛真的来到新西兰一样。

更令乘客惊奇的是，当一切都置身于虚拟现实中，在与乘务员虚拟对话的时候，乘务员又突然从屏幕中走到了台下，手捧"Sweeten You Up"的惊喜礼物赠予乘客。通过 AR 体验活动，乘客在领略奥克兰的美丽风光之余，更近距离地体验到了香港航空贴心、专业的服务。

"旅程"结束后，乘客对奥克兰将不再陌生。他们了解到这座位于南半球的"帆之都"不只是新西兰最大的城市，拥有海洋、牧场、火山、岛屿等各种截然不同的自然景象，它还多次被评为世界最佳居住城市之一。由市中心出发至各个景点仅需半小时，可以航行至岛屿、在奥克兰大桥上蹦极、在热带雨林徒步、在葡萄园品尝葡萄酒、欣赏艺术画廊和水族馆等等。

---

❶ 奥克兰是新西兰第一大城市，被称为"帆之都"，同时也是新西兰工业和商业中心以及经济贸易中心。

图 3-25　香港航空利用 AR 技术策划"一秒飞到新西兰"的营销活动现场
图片来源：香港航空新浪官方微博视频截图。

香港航空品牌中心副总经理姚祺表示，广州市民经香港中转到澳大利亚可以节省将近一半的票价。香港航空通过领先的技术、专业的服务，将吸引更多广州、深圳等华南地区的消费者，经由香港中转，乘坐香港航空的飞机，飞往海外[1]。

天马行空的前瞻设想

当今社会进入体验经济时代，消费者讨厌传统的、平淡无奇的东西，消费者从未像现在这样渴望变化，拥抱新奇的创意。就算是乘坐飞机，也不仅仅是将其视为快速位移的工具，而是渴望在航班中能遇到惊喜。

是的，除了漂亮的空姐、帅气的空少以外，乘客要的还有更多。尤其是在互联网对社会经济生活带来全面冲击的环境下，新奇的创意才是人们关注的焦点。毫不夸张地说，缺乏想象力的航空公司，是很难有未来发展的。所以航空公司不仅要有张开双翼的飞机，还要打开想象力的翅膀。如果一味保守传统，按部就班，这样的

---

[1]　"香港航空广州办'一秒飞到新西兰'AR 体验活动"，http://news.xinhuanet.com/gangao/2016-08/23/c_129249911.htm。

航空公司迟早会丧失活力，最终被乘客遗弃。

天马行空、异想天开的想象力才是航空公司展翅高飞的翅膀。飞行在三万英尺的高空，乘客们可以在机舱里做点什么？欢度假日、寻求灵感、结识友人、思想碰撞抑或其他什么东西？可行性固然重要，但前瞻的设想显得更加宝贵。比如，以下一些看起来不太靠谱的想法，或许就是引爆乘客前来体验的入口。

节日航班——除了在一些传统节日，公司为全体乘客提供节日祝福和节日礼物以外，航班上可以满足乘客在航班上度过特殊纪念日的要求，可让乘客自己策划，航空公司配合实施。

相亲航班——精英人士中"剩男""剩女"已经不少，在他们的旅行航班中是否可以提供一些"空中奇缘"的机会？

富豪"飞的"——顾名思义，公司的航班满足部分富豪公务专机达不到的效果与要求，使这些富豪转变成为公司要客，确保他们宾至如归。

寻人航班——世界上总有一些人在特殊时刻需要见到特定的人，部分媒体和机构已开展相关业务，航班可以主动成为其中的重要一环。

人才发现航班——根据许多企业老板回忆，常常有一些重要人员的招募是在航班或机场里完成的，我们是否可以创造一些条件让小概率事件在我们的航班上经常发生呢？

专题航班——有许多成功人士说有些难题的突破和重大创意的获取也是在某个航班上与某个人不经意的交谈后产生的。我们是否可以通过预先的约定和准备让这种产生重大价值的事件多次发生？如果有一天，大家说"有难题、要创意，请坐香港航空！"，香港航空就接近成功了。

乘机同伴选择——如果有的乘客在航班上想选择一个邻座交流一下某个话题，或切磋一下棋艺、球技，或只是想找个健谈、有趣的人改善一下心情，我们能否帮到他们？

总之，这个时代乘客的新兴需求多种多样，尽管大部分乘客要求物有所值，但也有少部分乘客为了新奇追求可以不惜代价，而这一部分需求对航空公司来说或许是举手之劳。上述种种天马行空的航班设想，不妨试一试，或许能发现新的增长点。

4. 突破常规的创新文化

没有包袱，坚持乘客导向的创新

香港航空是一家年轻而有活力的航空公司，从成立到现在正好十年，发展的压力要求香港航空不断创新，寻求发展机会。年轻的心态让香港航空没有包袱，乐于接受新观念、新思想。

只要能够更好地满足乘客需求，一切创新都可以尝试。为了更好地满足乘客需求，香港航空专门成立了服务创新项目部。该部门借鉴行业内外的优秀服务案例，不断挖掘潜在的乘客需求，创造新的服务项目。当提出创新服务项目时，其他部门积极参与讨论，公司管理层也大力支持，愿意投入资源进行尝试。

香港航空通过十年努力，公司服务框架已经逐渐成形，下一阶段将围绕高端客户需求进行创新，提高头等舱、公务舱和商务舱乘客比重。80/20法则在航空服务业中表现得特别明显。有统计表明，高端乘客在有的航空公司的总乘客量中人数虽仅占20%，但贡献的收入则占了航空公司总乘客收入的80%。据分析，1名头等舱的客人带来的利润，往往等于来自5—10名折扣票经济舱客人的收益。所以，高端乘客的争取在竞争中显得非常重要，香港航空以前在开拓长途航线方面的主要弱点就是高端乘客不足，在短途航线上高端乘客不足的影响虽不像长途航线那样显著，但长期来看，这块短板非下大力气加长不可。

一是围绕高端乘客的需求，进行服务创新。高端乘客中以公务出差人员为主体，这些乘客的时间紧张，日程安排紧凑，注重航班时刻，并要求尊贵私密。一方面，航班运作要不断优化，提高航班准点率；另一方面，在商务舱、公务舱的服务中创新更多私人化、定制化服务，给高端乘客带去更好的服务体验。

二是创新促销活动，利用优质低价的短期促销，吸引新客户体验商务舱。利用目前经济发展不景气的环境，通过促销活动把金融机构、大型企业、政府社团、演艺界、体育界、文化界等客户发展为公司活跃的大客户。

三是培养和发展潜在乘客。乘客培养从年轻人抓起，在大学等精英团体中有针对性地推广香港航空。今日学子乘坐经济舱，建立对香港航空的感情，日后青葱学子成为社会中坚力量，再逐步升级成为商务舱乘客。

大胆设想,科学论证

提高服务水平,用优质的服务凝聚乘客,在此基础上大胆设想商业模式。航空业的商业模式,目前主要是通过销售机票来谋求盈利。但是,航空业是否一定要在机票业务上获利,值得再考虑。借鉴免费商业模式,公司通过免费服务凝聚客流量,以客流量为资源去衍生第三方收费业务。比如,奇虎360公司免费提供杀毒软件,通过免费的方式吸引大量顾客安装软件,当用户数量足够多时,通过广告或其他增值业务实现公司盈利。对此模式,航空公司可选择性地借鉴。

通过对航空客运业务产业链条的分析发现:旅客运输主业所获得的投资收益率并不高,且波动性强,相反,其相关辅业所获得的投资回报率较高。如飞机维修、飞机和航材交易、航空食品、地面服务等辅助业务,一般年收益在5%—10%之间,并且相当稳定。

因此,优秀的航空公司在加强主营业务的同时都会投资兴建相关辅助业务,甚至有人提出:"当今时代,辅助业务收入决定了许多航空公司是盈利还是亏损。"

虽然在香港发展航空辅业门槛相对较高,颇为不易,但是通过这些年的努力,香港航空已成立自己的香港机场地面服务公司,并且在做好本公司的服务外,开始承接外部业务,并取得了良好的开端。如果充分发挥基地航空公司的优势,完全可以在竞争中胜过老牌的地面服务公司,并且还可以充分发挥香港服务业的优势,把地面服务业务逐步向内地其他城市拓展。

香港航空贵宾室在扩建后,服务面积和服务水平均有了一定的上升,目前也承接其他航空公司的贵宾室接待业务。可以对香港国际机场贵宾室接待业务进行深入调研,继续把业务做精做强,提升接待能力和水平,实现对外创收。如果能够进一步抓住内地各大机场贵宾室业务大调整的机会,研透相关政策,切下内地城市各大机场贵宾室服务这块蛋糕,香港航空将产生新的盈利点。

当然,谋定而后动,再好的设想也需要科学的论证。一方面,任何设想的提出都需要经过反复的研讨论证,积极借鉴各行各业的先进做法,尤其是借鉴互联网行业中新兴的商业模式。另一方面,在充分发挥内部人才的同时,积极引入外部人才。任何伟大的设想都离不开人才的支持,只有达到人和事匹配才可能把设想变为现实。在未来航空业创新领域，香港航空要保持创新的活力，衍生出新的增长点，培养出新的领军人物。在依托航空公司的基础上，结合人才的创意与策划，通过调动更多第三方资源，成为创新解决乘客问题的"智能型航空服务公司"。

全员参与，不惧失败的文化支撑

在创新的道路上，无论是产品团队、营销团队还是服务团队，大家遇到习以为常的问题或困难时，首先想到的就是这个问题能不能解决。每次碰到这样的挑战和疑问以后，经过一段时间的努力，总能找到问题的解决之道。伴随问题的解决，收获了乘客真诚的感谢、同事的赞赏和领导的嘉许。从而形成了一种全员参与，敢于突破的创新文化。

全员参与不仅需要每个员工都要有主人翁的心态，而且要有相应的激励措施。首先，员工要有主人翁的心态，希望把自己的工作做得更好，希望公司可以发展得更好。主人翁的心态会让员工在工作中留意创新的机遇，在生活中积累创新的线索和灵感。主人翁的心态最根本来自尊重和分享公司发展的成果，包括精神上和物质上的分享。

其次，为了鼓励全员参与，还要有切实可行的激励制度。比如，设计一套创新积分制度，把员工每一个创新按照贡献大小转化成积分，对应相应的积分给予奖励。当然，公司还可以开发一个创新积分查询系统，任何员工都可以登录公司局域网进行查询。在这个积分查询系统中，可以查询个人或部门参与的所有项目和当前的、历史的创新积分。通过制度保障全员参与。

最后，创新伴有风险，公司应该宽容对待创新失败。更重要的是，只有对失败的宽容，才不会打击员工的创新热情。最可怕的是，对于创新失败说三道四，在旁边看笑话的坏风气。所以，公司要凝聚全员的力量，形成敢于突破、勇于尝试、不惧失败的创新氛围。

PART 2
第 2 部 分

管理有活力的服务

时代在变,顾客群体在变,服务技术手段在变,对服务的期望也水涨船高,唯有学习才能应对变化。但是学什么、怎么学、如何发挥学习的力量,是所有企业共同的命题。

知行合一,使命必达的行动力同样非常重要。在航空业中,行动力体现在哪里、如何实现高效能的行动力?

通过学习,可以掌握标准化的服务,但是乘客的需求千变万化,如何保持服务的灵活性始终是追求标准化的服务业的难题。

年轻的力量
香港航空服务创新之路

学习的力量包括训练专业服务精神、培养360°顾客服务意识、建立学习型组织、践行以人为本的 PEOPLE 服务文化。

行动的力量体现在服务乘客的效能，不仅体现在准点率、不正常航班的处理，更关键在于能够提供超出乘客期望的服务，而这一切离不开使命必达的行动文化。

灵活的力量体现在服务过程中不是一味刻板地执行服务标准，而是以乘客为中心，能够超越标准，为乘客提供恰到好处的服务。灵活的服务需要公司授权文化的支持，鼓励服务人员根据服务前线的实际情况做出决策。

团队的力量是形成服务合力的基础，只有彼此包容才能团结合作；精诚团结的团队具有强大的战斗力，能够帮助公司克服艰难险阻。在战胜困难的过程中，逐渐形成和树立起团队的正能量；感受到团队正能量的成员将自然而然地把这样的正能量传递给其他同伴，最终形成树立正能量的团队文化。

在第2部分，我们围绕上述问题提炼出管理有活力服务的四种力量，分别是学习的力量、行动的力量、灵活的力量和团队的力量。而要持续保障有活力的服务，离不开相应的文化支撑，比如以人为本的 PEOPLE 文化、使命必达的行动文化、鼓励员工决策的授权文化，以及传递正能量的团队文化。

学习的力量：业精于勤，日臻至善 04

为让服务活力保鲜，持续学习不可或缺，一是要训练专业服务精神，二是要培养 360° 顾客服务意识，三是要建立学习型组织。组织学习的持续开展建立在以人为本的基础上，满足顾客，成就员工，在公司内外积极践行 PEOPLE 服务文化。

PEOPLE 服务文化包括丰富的内涵，即热情待客、多走一步、提供选择、履行承诺、难忘印象、高度情商。

1. 训练专业服务精神

专业服务精神是确保服务活力的基本素质。为了塑造专业服务精神，可以从三个方面进行训练：首先，树立正确的角色定位；其次，既要执行服务标准，更要超越服务标准；最后，排除负面情绪干扰。

服务者的角色定位是服从顾客需要的人

生活如同一个大舞台，每个人都扮演着很多角色。在现代生活中，尽管角色不同，但是我们追求人人平等。

传统观念认为，在服务场景中，我们应该清楚地认识到角色不同，尊卑不同。因此，要避免把生活中的角色定位带入到职场之中。对于服务行业来说，普遍认可的观念是"顾客至上"。由此可见，服务提供者的角色定位应该是"顾客在我之上"。在服务顾客时，服务的提供者永远不可能与顾客平等，这样的不平等恰好才是合理的平等。❶因为顾客付了钱。传统服务观念固然有其道理，但是难以让新生代服务人员接受。

时下，"90后"已经进入职场，要让他们接受"不平等"的角色定位，这是何其困难啊！当"80后"进入职场的时候，都说他们大都是独生子女，在家是"小皇帝""小公主"，进入职场后还要时不时地耍耍脾气。转瞬之间，现在"90后"纷纷进入职场，他们不仅是家中的"小皇帝""小公主"，还是"新新人类"。他们不仅有脾气，还有自己的"二次元"世界。❷看起来，"90后"接受不平等的服务角色观念将更加困难。

这么说，"90后"新生代就不能扮演好服务者的角色吗？其实不是，"90后"不能接受的是公司把他们的踌躇满志和丰富想象力定义为不脚踏实地和异想天开，他们不能接受的是不被严肃地对待。如果能够平等对话，严肃对待"90后"，他们会渐入佳境，爆发出不可限量的潜力。

对于"90后"而言，服务角色的定位如同Cosplay❸的角色扮演。要精彩地完成这场演出，不同的人要扮演不同的角色。角色扮演者的语言、行为、情感等方面，要符合角色的要求。越是专业的扮演者，越能在言行举止上表现得与角色相符合。服务同样如此，作为服务提供者，并不是低人一等，而是其角色是定位于满足顾客需要的人。

既然服务提供者的角色是服从顾客需要的人。那么一旦进入角色以后，无论顾客对待我们的态度和方式是否恰当、是否合理、是否公平，服务人员不需要与顾客计较谁对谁错，先满足顾客需要、解决顾客问题才是专业服务精神的体现。

执行服务标准，超越服务标准

为了训练员工的专业服务精神，一是要让员工学习服务标准，努力做到百分之百不打折扣地执行服务标准，二是要让员工学会超越服务标准。

---

❶ 陈淑君，《这才叫服务》，人民日报出版社，2011年。

❷ 这一用法始于日本，早期的动画、游戏作品都是以二维图像构成，其画面是一个平面，所以被称为"二次元世界"，简称"二次元"。现在作为网络用语，是指生活在一个虚构的世界。而与之相对的是"三次元"，即我们所存在的这个次元，也就是现实世界。

❸ Cosplay指利用服装、饰品、道具以及化妆来扮演动漫作品或游戏中的角色。

服务标准是根据乘客从购票到下飞机整个过程而提炼出来的，来自对常规性问题的总结和提炼，掌握服务标准可以有效解决乘客遇到的常规问题。

香港航空把整个服务过程细分为11个环节，分别是：售票服务、值机服务、登机服务、中转服务、贵宾室服务、乘务员服务、客舱环境、机上餐饮、机上娱乐、航后服务、不正常航班服务在每个环节都有相应的服务标准。员工首先要做的就是熟悉标准，完美执行标准。

但是，百分之百不打折扣地执行服务标准并不等同于不分情景、刻板地执行服务标准，专业的服务精神更体现在超越服务标准。超越服务标准是指根据客人、服务场景的具体情况，灵活地执行服务标准。因为标准是静态的，而服务是动态的，要充分发挥静态服务标准的作用，还得依靠人的主观能动性，具体表现为灵活地执行标准，甚至超出标准去处理乘客问题。

比如前文提及的送餐案例，乘客已经熟睡，不给乘客送餐是违反服务标准的，但是刻板执行服务标准又会打扰乘客休息，所以就要灵活地执行服务标准。更恰当的做法是先把乘客的餐食保温，等乘客醒来，再咨询乘客是否需要餐食。

再如前文提及的为乘客更换航班的案例，乘客已经换了登机牌，因为担心台风导致航班延误，所以希望改签更早的航班。虽然这名乘客的请求不符合服务标准的规定，但是在条件允许的情况下，为什么不能超越标准，满足乘客的需要呢？因此，在执行服务标准时，还应该善于超越标准。

杜绝负面情绪的干扰

心理学上有一个著名的"踢猫效应"，即人的负面情绪和糟糕心情，一般会沿着等级和强弱组成的社会关系链条依次传递。由金字塔尖一直扩散到最底层，无处发泄的最弱小者成为最终的受害者。

例如，某公司董事长为了重整公司一切事务，许诺自己将早到晚归。事出突然，有一次，他看报看得太入迷以至忘了时间，为了不迟到，他在公路上超速驾驶，结果被警察开了罚单，最后还是误了时间。这位董事长愤怒之极，回到办公室时，为了转移别人的注意，就将销售经理叫到办公室训斥一番。销售经理挨训之后，气急败坏地走出董事长办公室，将秘书叫到自己的办公室并对他挑剔一番。秘书无缘无故被人挑剔，自然是一肚子气，就故意找接线员的茬儿。接线员无可奈何垂头丧气地回到家，对着自己的儿子大发雷霆。儿子莫名其妙地被家长痛斥之后，也很恼火，便将自己家里的猫狠狠地踢了一脚……

在服务过程中，负面情绪影响服务质量的原因大致可以分为三类情况。第一类情况，由上级领导引起，领导将自己的负面情绪按层级依次传递下去，对员工产生负面影响，最终员工把负面情绪发泄给了顾客。第二类情况，员工将生活中的负面情绪发泄给了顾客。第三类情况，顾客将负面情绪发泄到一线员工身上，导致矛盾和争执。

为了杜绝负面情绪对服务工作的干扰，首先，上级领导要杜绝把负面情绪发泄给下属。上级领导一方面要善于调节工作压力，通过树立良好的榜样，在工作环境中培养起快乐的工作氛围。另一方面，领导要尊重和体谅下属，减少管理者与下属之间的摩擦与负面情绪传递，努力提升团队的凝聚力和工作热情，这样日常工作的开展就会更加顺利。

其次，杜绝一线员工把负面情绪发泄给顾客。一线员工要加强职业修养，一旦穿上制服就要进入角色，不仅是言行举止，而且在情感上也要进入角色。通过长期的自我修炼，形成良好的职业惯性，杜绝负面情绪影响到工作。

最后，当顾客把负面情绪向一线员工发泄时，员工要学会一笑了之。在香港航空的服务一线，难免有一些乘客把自己的负面情绪向乘务员发泄。这种情况下，要学会换位思考，包容乘客，而不是与乘客争对错。当乘客无理取闹时，乘务员包容对待反而能赢得乘客的尊重。

曾在一次航班中，一位乘客指着杯子冲乘务员大喊："服务员！你们的牛奶是坏的！"乘务员一边道歉一边说："真对不起！我立刻给您换一杯。"乘务员很快重新换了一杯牛奶，微笑着送过来。乘务员看着乘客餐桌上剩下的柠檬，轻声对这位乘客说，"我能不能建议您，牛奶最好不要加柠檬。因为柠檬会导致牛奶结块变酸。"这时，乘客不好意思地看着乘务员，表示十分歉意。可见，对待粗鲁乘客的最好方式就是像春风般温暖，其结果往往是既温暖乘客，也温暖自己。

2. 培养 360° 顾客服务意识

早在 1927 年通用电气公司的一位经理就首次提出了公司应该为利益相关者服务的思想[1]。该思想的提出打破了公司以股东利益为中心的传统思想，开始关注管理者、员工、股东、供应商和分销商等利益相关者。

从公司发展的历程看，公司综合考虑利益相关者的思想已经成为时代的主流。原因在于，一方面，在竞争日益加剧的市场中，公司要发展壮大必须考虑诸多利益相关者的利益要求。另一方面，公司作为构成市场经济的主体，社会和公众对公司应该承担的责任有了更多的期望。公司不仅要承担经济责任，还要承担法律、环境保护、道德和慈善等方面的责任。

香港航空过往的发展经验也充分证明了，公司的发展需要各方面人士的支持，所以必须打破个人利益至上的狭隘观念。因此，公司培养员工服务意识时，不仅仅是培养每一位员工具备及时发现及主动服务顾客的意识，还要培养员工时刻设身处地为顾客着想、立即采取行动的服务意识，而且要让每一个员工明白所服务的顾客是 360° 的利益相关者，具体包括乘客、员工、合作伙伴、供应商、政府机构以及社区。

图 4-1 360° 顾客服务意识示意图
图片来源：香港航空服务部。

经过 360° 顾客服务意识的培训，有助于把专业的服务精神全方位地贯彻到公司的利益相关者，从而杜绝了服务中的投机主义思想，即根据服务对象选择性提供专业服务的现象。如果每一位员工都能够把 360° 顾客服务意识落到实处，就有可能形成多方共赢的局面。360° 顾客服务意识不仅给香港航空的发展创造了良好的营商环境，也为香港社会的发展做出了贡献。

---

[1] 付俊文, 赵红, "利益相关者理论综述",《首都经济贸易大学学报》, 2006 年第 8 卷第 2 期, 第 16-21 页。

3. 建立学习型组织

制定学习制度，建立学习型组织

学习型组织是指通过培养整个组织的学习气氛和文化，推动集体学习，使组织中的每个员工不断学习，并充分发挥员工的创造能力，不断改进管理、技术及服务，使组织获得持续的竞争优势。1997年世界管理大会曾提出"世界管理10大趋势"，学习型组织被称为"未来成功企业的模式"。❶

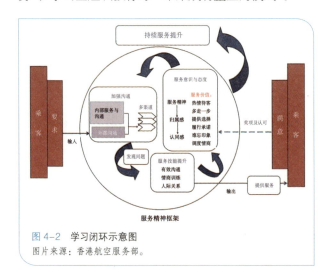

图 4-2　学习闭环示意图
图片来源：香港航空服务部。

从今天的实践来看，即使是航空公司这样的资本密集型企业，决定企业成败的关键不是资本，不是飞机，而是人。❷所以，建立学习型组织，发挥学习的力量，推动员工的发展，才是企业立于不败之地的关键。

建立学习型组织可以从以下三个方面着手开展工作：第一，构建行之有效的学习闭环。为了让学习形成良好的循环，并且按照螺旋式上升的趋势，持续提高整体服务质量，构建一个行之有效的学习闭环是非常重要的。

第二，通过制度建立起学习组织。在近十年的摸索中，香港航空在公司内部建立起了学习分享制度，比如早餐会议、个人服务承诺、员工满意度调查、卓越员工见面会等。

第三，坚持以人为本的学习原则。香港航空倡导以人为本，学习不单是员工对于制度、规章、流程的死记硬背❸，而是给员工创造一个人人都有发言权的良好的

---

❶ 齐卫平、李春来，"国外关于学习型组织研究综述"，《长白学刊》，2011年第6期，第32-36页。

❷ 詹·卡尔森著，韩卉译，《关键时刻MOT（珍藏版）》，中国人民大学出版社，2013年。

❸ 李晓艳，"以人为本的学习型组织"，《华中师范大学研究生学报》，2006年第4期。

学习氛围，通过分享服务技巧、心得、经验，鼓励员工去琢磨和思考如何提高服务水平。员工在学习中不断提高服务能力，同时实现个人的成长。

首先，任何空洞的说教都不如身先士卒的行动。在要求员工学习提升顾客服务精神时，公司首先要对员工做好内部服务。一线员工优秀的对外服务水平源自良好的内部服务与沟通。公司如何对待员工，他们便会如何对待乘客。如果员工对公司满意，有认同感、归属感，员工就会像主人一样主动地为乘客提供优质服务。因此，在开展专业服务精神的训练时，不仅要全面培养员工的服务意识与态度，同时也要提升员工的满意度、认同度以及归属感。

其次，围绕服务的各个流程和环节，通过内部及外部沟通，在多个渠道（比如网络评论、乘客调查、员工建言等）收集乘客需求信息，从而发现未被满足的乘客需求及服务中存在的问题。

再次，训练服务技能，输出令乘客满意的服务。针对服务过程中存在的问题，安排相应的培训，比如沟通技能培训、情商训练、人际关系技巧培训等，以提升员工的服务技能，从而将优质的服务更好地传递给乘客，直至获得乘客的满意和广泛的认同。

最后，乘客的满意与认同将对员工形成正强化。香港航空优质的服务使公司获得了乘客的赞扬、赢得了 Skytrax 大奖和良好的口碑等，这些正强化使员工看到学习服务精神和服务技能带来的突出成果，有助于提高员工对服务的学习热情，持续提升服务水平。

采取多种培训方式

为了帮助员工成长，公司建立完善的职业发展培训体系必不可少。为此，香港航空投入了大量的资源来开展员工培训工作。以机组人员培训为例，公司每年提供各种训练大约共计 9 000 个工作日。截至 2016 年 7 月，总共有 1 716 名学员参加了晋升培训、发展性培训、飞机拆装、改装培训和进修培训。[1]

---

[1] 感谢香港航空乘务员培训助理经理 Kay 提供资料。

年轻的力量
香港航空服务创新之路

职业发展培训不仅对新员工适应工作要求很有必要，而且对老员工职业生涯的发展也有重大影响。为了应对竞争压力和顾客需求的新变化，航空服务的从业者需要终生学习，香港航空建立职业发展培训体系是保障公司不断提高竞争力的动力来源。

新员工培训是公司培训体系中不可或缺的一环。在 2010 年，自香港航空公司引进了空客 A330 型飞机后，公司招聘大量新入职乘务员，这些员工只有从入职培训班毕业以后才能正式上岗。截至 2016 年 7 月，总共有 263 名新入职的乘务员加入了培训班❶，培训内容包括客舱硬件常识、服务流程及程序、机上事件处理、餐食酒水准备及发放、机上急救及疏散演习等。从 2011 年开始，公司开始把咏春拳纳入乘务培训课程中。原因在于，练习咏春拳有助于训练乘务员更加集中注意力、增强四肢协调能力、提高身体平衡能力，促进身体健康；同时，咏春拳在香港得到传承和发展，体现了香港的文化特色，通过咏春拳也突出了香港航空的本地特色。

根据公司业务发展，提前做好战略性培训。经过十年发展，香港航空逐渐从小到大，也将逐渐从区域性航空公司发展到全球性航空公司。所以，公司未来战略规划将开辟长航线航班，并且公司已经订购了空客 A350 型飞机。为了匹配公司发展战略，在 2016 年，空服培训部专门设计了一期培训班。为了提高培训场景的真实感，培训班采用了双通道飞机进行模拟训练。培训结束以后，采取考试来评定乘务员的服务

图 4-3 新员工参加业务考试
图片来源：香港航空服务部。

图 4-4 员工练习咏春拳
图片来源：香港航空服务部。

❶ 感谢香港航空乘务员培训助理经理 Kay 提供资料。

技能和事件处理能力，以此对员工培训结果做出客观的评价。

根据业绩提升需要，组织专题讨论活动是培训老员工的有效方式。航空业以其动态性和竞争性而闻名，顾客的期望就是市场的趋向。顾客对公司服务产生的意见或提出的建议，是十分宝贵的资源。因此，香港航空在

图 4-5　A100 学员毕业典礼
图片来源：香港航空服务部。

2016 年开展了一场名为"顾客至上"的专题活动讨论会。本次讨论首先围绕顾客期望进行了讨论；其次拓展到讨论如何提高员工服务水平的一致性；最终大家一致认为提供卓越服务的关键是要秉承正确的服务心态。

当然，专题会也可以采取多种形式进行，可以采取较为正式的讨论会，也可以采取比较轻松活泼的小组讨论。比如，香港航空服务部开展的"沟通交流及团队建设"专题活动讨论会，"意见交换"专题活动讨论会和"海洋公园团队建设"专题活动讨论会。

相比于在教室里开展的传统、单一、以技能培训为指向的课程，专题讨论会的培训方式更加灵活，形式更加丰富，有助于提高员工参加培训的热情，增强员工在培训中的参与感，提高培训的效果。

图 4-6　"顾客至上"专题活动讨论会现场
图片来源：香港航空服务部。

图 4-7 "意见交换"专题活动讨论会和"海洋公园团队建设"专题活动讨论会
图片来源：香港航空服务部。

除了常规性培训、专题讨论以外，专项大会是员工学习的又一项有效工具。香港航空除了日常学习与培训之外，针对服务战略、服务流程、服务设计、服务质量等重大议题，通常采取专项会议的方式，重点攻关，为整体服务水平的提升打下坚实的基础。

航空业的关键在于服务，所以，如何通过服务去更好地满足乘客需求是一个关乎公司发展的重大问题。为此，2012年香港航空组织了一次从上到下、跨部门参与的服务设计大会，这次大会对公司的服务进行了总结，对下一步服务改进和提升的方向进行了分析，形成了服务提升方案和行动指引，对香港航空塑造有活力的服务起到了重要作用。

为了让这次服务设计大会取得实质性成果，大会召开之前，服务部在2012年3月组织品牌部、商务部和IT部的主管召开了一次闭门会议。

闭门会议不仅梳理并划分了乘客服务环节，而且提出了改进服务质量的基本方向。按照乘客服务次序，整个服务链条被划分为11个环节，分别是售票服务、值机服务、登机服务、中转服务、贵宾室服务、乘务员服务、客舱环境、机上餐饮、机上娱乐、航后服务、不正常航班的服务。同时，会议提出香港航空将围绕"更数字""很香港"两个方面去持续改进服务质量。

基于这次闭门会议提出的思路和方向，服务部将乘务部和地勤部的主管和骨干员工组织起来，召开了一场大规模的服务设计大会。此次大会受到了公司的高度重视，公司总裁全程参与。

服务设计大会首先采用头脑风暴的形式，收集11个服务环节中存在的问题。然后，在乘务部和地勤部进行分小组讨论，完善服务创意和点子的可行性。综合头脑风暴和各小组讨论的结果，将这11个服务环节进一步细分为429个细节，列举出常见的乘客问题500多个。针对这些问题，各小组

图 4-8　召开至凌晨的服务设计大会现场
图片来源：香港航空服务部。

共提出解决措施近600项。最后，根据改进服务质量的方向，围绕"更数字"提炼出180项服务改进措施，围绕"很香港"提炼出104项服务改进措施。大会召开到次日凌晨4点，大家仍然讨论热烈。

第二天会议按照化繁为简的原则，用"更数字、很香港"两把梳子梳理，将服务方案简化为几十项。最终，按照可量化、有时效的要求，计划在未来工作中落实40项工作。

服务设计大会不仅明确了香港航空服务的特色和改进的方向，更是形成了服务改进方案和举措。服务部根据最终确定的40项工作清单，在工作现场逐项整改，通过踏踏实实的行动，把每一项改进方案都落到实处，从而让乘客切实感受到服务的改进和提升。

不仅如此，香港航空在快速发展中不忘航空行业整体发展的社会责任，2016年3月初，香港航空训练中心正式动工建设，该培训中心将提供航空相关的多种专业培训设施，为培养优质的航空从业人员做出贡献。

更难能可贵的是，培训中心不仅能够进行服务类员工的培训，而且可以进行飞行员的培训。这为香港航空培养稳定的飞行员队伍提供了保障，同时也将极大地促进香港本地飞行员的培养，推动香港本地航空事业的发展。

年轻的力量
香港航空服务创新之路

图 4-9 正在修建的香港航空训练中心
图片来源：香港航空服务部。

走出去引进来，在交流中学习

借鉴同行业中佼佼者的经验，请专家学者来传经授道，也向其他服务行业的杰出代表积极学习，兼收并蓄，将总体服务质量提升到更高的水平。

在航空服务领域，香港航空在成立之初就将自己的地勤服务工作委托给怡中公司负责。现在，香港航空不仅有了自己的地面服务公司，而且还为其他航空公司提供地勤服务。向前辈学习自然是成长最快的方式，所以香港航空邀请怡中公司的高管来公司进行经验分享。2016年，大卫·沃克先生在香港航空公司分享了怡中公司的服务概念、员工培训程序、投诉受理细节化处理等内容。"他以一种特别亲切随和的方式鼓励与会者们积极地参与到会谈中去，然后将会谈转变成为一个交换创意和知识的开放式讨论会。这种谈话风格或者说谈话方式能调动起学员们的积极性，让我们更好地去倾听，同时他也针对我们的工作性质回答了很多问题。他的谈话风格也很幽默诙谐，并且他

图 4-10 怡中公司高管大卫·沃克先生在香港航空进行经验分享
图片来源：香港航空服务部。

毫无保留地向我们分享了他的个人经验。在这次会谈中，我受益匪浅。"高级乘务长Sonia如是说道。

高级乘务长Daze说道："大卫先生分享他的成功之道，很大程度上来自他对一线员工需求的理解。每一周他都会挑选一天，换下自己的商务西装，然后穿上工作服，这样他能充分地了解到在一线工作的实际情况下可能会遭遇的困难和问题。因此，他能从一线获得工作经验，并能一针见血地解决一线工作的困难和问题。这也激发了我要和初级员工们建立起更好的沟通，从而更好地了解他们，并且能在我们执行新政策或新程序时了解到真正的难处。对于管理评审来说，这种反馈是更可靠、更可信的。"

香港航空也会积极邀请服务行业的专家学者来公司进行培训指导。例如，2015年5月15日，公司邀请香港李灿荣顾问公司创始人兼CEO李灿荣先生重点介绍了一线服务中与乘客沟通的技巧，并介绍危机事件时与特殊乘客和媒体的沟通方法。

图4-11　香港李灿荣顾问公司创始人兼CEO李灿荣先生与学员合影
图片来源：香港航空服务部。

为了在公司内部推广赞赏文化，2015年10月23日，公司邀请"我赞"首席赞赏师兼联合创始人陈伟业先生，就"卓越服务，赞美对待"这个主题展开讨论，讨论的内容包括一批现实生活中的赞赏事迹以及

图4-12　"我赞"首席赞赏师兼联合创始人陈伟业先生与学员合影
图片来源：香港航空服务部。

促进社会赞赏文化形成所带来的影响。

在培训结束以后,高级乘务长 Joey 感悟道:"陈先生是一个能说会道的讲述者。而且,他在会谈中组织的一个小游戏也使整个会谈更具有互动性。'我赞'和陈先生通过不懈的努力,大大提高了服务业中一线员工的积极形象。同时,这个会谈给了我很多启迪,应该考虑在近期邀请陈先生来给我们的乘务员团队展开一番对话。"

围绕"互联网+"的概念,2015 年 11 月 13 日,公司还邀请亚太顾客服务协会创办人朱刚岑先生谈论了一些关于"共享经济"的概念,以及"互联网+"是怎样影响服务业的。

图 4-13 亚太顾客服务协会创办人朱刚岑先生与学员合影
图片来源:香港航空服务部。

除了邀请行业内的专家学者进行经验分享外,香港航空也会积极邀请其他相关行业的专家学者来公司进行培训指导。2015 年 7 月 15 日,外请嘉宾时任东涌区议员周浩鼎先生与服务部同事首先分享了议员倾听居民声音的几条原则:用心沟通、及时反馈、着眼未来、发现需求、民生无小事;接下来就一线服务工作中特殊人员需求的处理、乘客期望管理、冲突管理、危机管理等方面与同事们交换了意见;最后建议公司尽可能创造条件令员工开心工作,因为开心的员工是乘客旅途愉快的基础。

图 4-14 时任东涌区议员周浩鼎先生与服务部同事分享倾听社区居民心声的原则
图片来源:香港航空服务部。

周浩鼎先生分享了他关于服务社会和促进港岛可持续发

展的经验。高级乘务长 Esther 说道:"这个会谈大大地激励了我,顾客服务在各行各业中都能有所体现。对于周先生来说,选民就是他的顾客。从周先生的会谈中看得出,选民与他的关系在选举之前就已经发展很久了,这是一个长期的关系,耐心和信任在这个关系中占据了很重要的地位。对于我们航空公司来说,乘客毫无疑问就是我们最具价值的顾客。乘客愿意一直选择我们公司,是因为他们能享受到高质量的服务。让我们把每一次航班都打造成令人愉悦、令人难以忘怀的旅行吧!"

向其他行业的资深专家学习,常常也能获得不一样的收获。2015 年 8 月 14 日,香港航空邀请了海洋公园的行政总裁苗乐文(Tom Mehrmann)先生,苗乐文先生在会上分享了他近 5 年推广旅游业的经验和心得,并讲解了领袖应具备的 10 项特质。参与的同事都表示,苗乐文先生的分享具有很大的启发性。虽然苗乐文先生并不从事航空业,但是他的服务经验和心得却让大家获得不一样的思维,有助于思考如何提升乘客的飞行体验。

图 4-15　香港海洋公园行政总裁苗乐文先生分享服务心得
图片来源:香港航空服务部。

在听完苗乐文先生的交流后，香港航空乘务员培训部经理 Manuel 如是说道，"苗乐文先生的演讲给了我很大的启发。其中他提到，'迪士尼公园给人们提供幻想的体验，而海洋公园给人们提供真实的体验。'这启发我去思考：与其他服务行业的公司相比，香港航空如何给乘客创造独一无二、印象深刻的体验呢？我想，香港航空最大的特色就是要给乘客留下有活力的服务体验。因为我们是如此的年轻，所以我们应该让乘客感受到年轻人的热情、快乐和活力，从而给乘客留下深刻的印象。"

高级乘务长 Daze 说道："苗乐文先生提到海洋公园的成功是来自质量管理和杰出的商业营销技巧。时刻保持创意、富有创造力并且以香港市场为导向去发展，是香港海洋公园成功的关键。苗乐文先生还介绍了适应目标客户文化环境的方法，比如组织一场创新的万圣节活动。此外，企业社会责任对于香港公民来说也是富有意义的，比如贫困社区生日问候，低收入家庭关怀等。毫无疑问，这些企业社会责任行为能为企业建立起良好、积极的企业形象。"

香港航空还会继续组织更多的服务经验分享，在广泛邀请外部嘉宾的同时，注重发掘和鼓励公司内部同事来分享优质服务的经验。通过内外结合，把服务经验交流做出特色。

4. 践行以人为本的 PEOPLE 服务文化

以人为本的服务理念

顾名思义，以人为本的服务理念就是以乘客为上帝，乘客的需要、乘客的利益高于一切。在服务场景中，以人为本的服务理念贯穿地面和空中服务工作的始终，即不机械地将规章制度和工作方法运用在工作中，而是根据不同的服务对象，采取灵活的富有人情味的服务方式。

当一线员工采取人性化的服务时，员工对乘客是具有同理心的，能够换位思考，理解乘客的难处；同时，员工对于乘客也是富有人情味的，能够超越条条框框的束缚，对乘客的需求做出合情合理的回应。

以人为本的服务能够提升服务水平，拉近与乘客的距离，给乘客以情感上的愉悦感，获得独特的服务体验。在服务实践中，一线员工的优秀做法，很好地体现了以人为本的服务理念。

有一次David先生正在南宁进行商务谈判，突然接到公司的召回电话，因此David要改签机票尽快从南宁返回香港。他立马联系旅行社代理，代理告诉他在南宁机场的香港航空公司柜台可以办理机票变更，他只需要缴付更改机票的手续费即可。David到达机场后，向地勤人员沟通改签机票，地勤人员发现David的机票是不可更改航班日期的机票。此时，David非常焦急。

如果按照服务标准操作，地勤人员应该做的工作已经结束。David能不能回到香港并不是地勤人员的事情。但是，以人为本的服务理念，就是无论谁的责任，无论大事小事，都要尽量解决乘客的问题，把乘客安排好才是以人为本的关键。

这位地勤人员看到David焦急的样子，便积极为他想办法。地勤人员先向David解释了不能改签的原因，"因为您的机票是共享代码机票，即该机票是南航公司卖的票，但是您要乘坐香港航空的飞机飞回香港。所以，香港航空不能给您改签今日的航班。"接下来又给David提供了一个建议，"为了避免您浪费机票，建议您去南航柜台改签今日从南宁飞深圳的航班，再由深圳去香港。这样既能今日回到香港，又不浪费这张机票。"David认为地勤人员提供的建议比较合理，便采纳了该建议。在地勤人员

图4-16 香港航空南宁外站地勤人员帮助David顺利回港

图片来源：香港航空服务部。

的协助下，David 成功改签了南宁飞往深圳的机票。

然而，故事到此并没有结束。在对话中，David 向地勤人员补充道，"自己第一次来内地，不知道如何从深圳回香港"。于是这位地勤人员又把深圳到香港的转乘路线图发到 David 手机上。终于，David 在地勤人员的帮助下，顺利从南宁回到了香港。

（故事来源：南宁外站）

在这个案例中，地勤人员很好地表现出了以人为本的服务理念。尽管给乘客办理改签、发送路线图不是地勤人员的本职工作，但是他们从乘客利益出发，主动去做了这些事情。可见，以人为本的服务理念，就是在乘客遇到问题以后，一线员工能够帮助乘客很好地解决问题，关心后续的进展，并及时跟进和回访。

这是在贵阳机场发生的一幕，一个老人在柜台办理登机，过安检的时候，她的行李没有通过检查，怀疑箱子里面有锂电池。安检员要求开箱检查，因为是第一次坐飞机，老人家突然变得很紧张，忘记了密码，打不开箱子。可能是担心安检拖延时间而不能及时登机回香港，老人显得更加紧张。

见此情况，我主动走向老人家，为其提供帮助。由于老人忘记密码，我只好借来工具将其箱子撬开，拿出锂电池后，又帮助老人修好箱子。最后，终于帮助这位老人顺利通过了机场安检。（故事来源：贵阳外站地勤 - 李冰）

图 4-17　香港航空地勤人员帮助老人打开行李箱顺利通过安检
图片来源：香港航空服务部。

类似的事情，机场每天都可能发生。由于机场工作十分忙碌，谁愿意放下手中的工作去帮助别人，干与自己职责不相关的事情？为什么香港航空这名地勤人员会这样主动去帮助乘客？这样做对他会有什么好处？会给他奖金吗？会通报表扬吗？这件事，对于员工来说是很小的事，但是对于乘客来说，却非常重要。这名员工之所以这么做，其实是把以人为本的服务理念贯彻到了服务工作之中。

在香港这一快节奏的社会里，大家都是按程序办事，但是香港航空必须不一样。公司从上到下要求每个人都努力践行以人为本的服务理念。香港航空想让每一个乘客都感受到，当他需要帮助或者有需求的时候，只要是合理的请求，公司都会尽量帮助。如果每一个员工都具有以人为本的服务态度，那么整个公司的服务水平将得到很大的提升。如果全公司三千多名员工都能够以人为本服务乘客的话，那将凝聚成一股巨大的力量。

PEOPLE 文化

为了将以人为本的服务理念贯彻落实到服务工作中，整个公司要培养和塑造相应的服务文化，明确指导服务行为的相应原则。因此，香港航空结合年轻的公司形象、以人为本的服务理念和对卓越服务的不懈追求，创造了 PEOPLE 服务文化。

从公司的发展历程看，香港航空是一家年轻的航空公司，拥有一批年轻且有活力的员工和全世界机龄最低的机队。虽然随着时间的流逝，年轻的员工和机队会一天一天变老，但是年轻的活力、年轻的激情却能够历久弥新。正是因为香港航空年轻的内涵永远不变，香港航空执着追求、积极主动、热情服务的初心也永远不会改变。

从公司以人为本的服务理念来看，香港航空服务的核心特点就是灵活。一

图 4-18　**香港航空倡导的 PEOPLE 文化**
图片来源：香港航空服务部。

线员工不会教条地服务乘客，不会墨守成规，而是会为了乘客满意而做出变化。所以，香港航空的服务人员具有高度的情商，能够根据乘客的个性和特征为他们提供更多的选择，让乘客感受到服务的温暖。

从公司对服务的卓越追求看，香港航空不满足于眼前的成绩，在追求卓越服务的道路上没有终点。因此，香港航空对乘客的服务承诺需要依靠员工去履行，而且是依靠每一个员工在每一天的服务中去兑现以人为本的承诺。

结合公司的服务承诺、公司的形象和公司的追求，香港航空创造出 PEOPLE 服务文化来体现以人为本的服务理念，PEOPLE 服务文化也为员工的服务行为提供了具体的指导。其内容具体如下：

    热情待客（Passion to deliver）：要热忱待客，态度诚恳，一视同仁，亲切友善。

    多走一步（Extra to give）：要积极主动，在乘客提出要求之前，自觉地提供完善服务，助人为乐，努力不懈，为乘客提供一切便利。

    提供选择（Options to offer）：要善于观察和分析乘客的心理特点，懂得从乘客的神情、举止中去发现他们的需要，并向乘客提供更多的选择，力求做到服务完善妥当，体贴入微。

    履行承诺（Promise to fulfill）：服务要及乘客所需，应乘客所求，无论事情大小，尽力提供一个圆满的结果或答复。

    难忘印象（Lasting impression to create）：善用微笑与热忱传递服务，让每一次服务均留给乘客深刻而难以忘怀的印象。

    高度情商（Emotional quotient to serve）：以平等之心善待每一个人，用仁爱之情关怀特殊群体，不管多繁忙，压力多大，都保持不急躁、不厌烦，耐心地对待乘客。

PEOPLE 文化是推动总体服务质量的基石

PEOPLE 文化是公司服务精神的纲领，为推动公司总体服务质量奠定了基础，指明了方向，提供了保障。首先，通过 PEOPLE 服务文化的熏陶，有助于不断增强公司的 360º 顾客服务意识。狭义的顾客服务意识认为服务只是为消费者做事而已。

但是，消费者要享有优质的服务，除了航空公司自身的努力以外，还需要香港民航处等政府机构以及各环节供应商的支持，当然也离不开合作伙伴的付出。这些不同的利益相关者均影响着航空公司最终的服务质量。公司全员要按照 PEOPLE 文化的行动指南，去对待不同的利益相关者，在行动中不断训练和加强员工的 360° 顾客服务意识，从总体上保障服务质量的稳步提升。

其次，PEOPLE 文化增强服务解决能力。在 PEOPLE 文化的支持下，公司从上到下用开放的心态，聆听乘客的声音，管理层和员工之间彼此尊重，积极沟通，主动寻求现存问题的解决办法，形成应对策略。

最后，PEOPLE 文化能够转变员工的服务角色和服务意识，从而更加积极主动地提供更多的选择给乘客创造难忘的印象。在 PEOPLE 文化的影响下，使员工从服务者的角色转变成为乘客的朋友角色，员工对于乘客更具亲和力和同理心。同时，服务意识也逐渐从需要为乘客提供哪些服务，进一步上升到想要为乘客提供哪些更好的服务。

在服务一线认真落实 PEOPLE 文化，不仅能够提高乘客满意度，甚至具有挽救生命的意义。

2015 年 6 月 27 日，香港航空的航班从冲绳准备飞往香港，其中有一家乘客很晚才到达候机厅，随行的一位小女孩看起来很不舒服。见此情况，经验丰富的地勤人员赶忙走上前去询问情况，当即判断这位小女孩不能乘坐飞机，而要立即接受治疗。地勤人员一直安抚小女孩，为她提供饮用水和毯子备用。而另一位地勤人员向小女孩的家人咨询她的过往病历，以便为即将到达的救护人员提供详细的病历信息并便于开展治疗。救护车到达后，立即将小女孩送往医院急救。一位地勤人员是日本人，考虑到小女孩一家人不会说日语，所以这名日本籍地勤人员陪同小女孩的监护人蔡太太一同乘坐救护车前往医院，并一路为她当翻译，与救护人员进行沟通。

另一位地勤人员在航班起飞后，陪小女孩的爸爸和弟弟前往医院。最后，小女孩在冲绳县立儿童医疗中心进行了近八小时的抢救，到深夜时分终于脱离了生命危险。整个过程，两名地勤人员一直陪同，直至医生确认病情、提出治疗方案并探望

年轻的力量
香港航空服务创新之路

完病人后，又主动送小女孩一家返回已预订的酒店休息。

随后几天，因为小女孩需要继续在重症病房接受治疗，地勤人员一直轮班协助她的家人，帮他们购买食物和日常生活所需，并密切留意小女孩的情况。

6月29日，家属及地勤人员终于接到医院通知，小女孩的病情好转，并可于第二天出院。得到消息后，地勤人员立即联络香港总部为小女孩一家改签机票，为她和家人升舱，在香港机场准备轮椅并安排快速通关手续。

香港航空的地勤人员还预先安排车辆接送他们从医院前往机场，协助这一家人优先办理登机手续，通过贵宾通道优先登机。在飞行途中，乘务员对她们一家真诚关心、用心照顾。到达香港后，香港机场值班经理还主动迎接她们。（故事来源：香港航空日本冲绳地勤服务站）

虽然地勤人员只是做了不起眼的事情，但却拯救了小女孩的生命。如果不是地勤人员多走一步，及时询问了解乘客情况，而是任由小女孩一家上飞机，小女孩甚至会有生命危险。而且，在日本住院治疗期间，几位地勤人员轮班陪着她的家人。这是公司要求的服务标准吗？公司并没有规定如此之高的服务标准。公司更没有要求，在乘客不生病时，员工要跟随乘客提供帮助，甚至每天给乘客买食物、当翻译。那为什么香港航空的员工能够做到超出标准的服务？这就是当PEOPLE服务文化深入员工心中以后，员工会主动满足乘客需求，借此给乘客创造难忘的体会。

05 行动的力量：
高效服务，使命必达

行动是指对乘客服务的效能，考察服务效能的关键指标体现在：准点率、不正常航班处理及乘客期望的满足程度。行动是唤醒乘客，让乘客感受到有活力服务的关键要素。

因此，通过实实在在的行动，第一时间解决乘客问题，稳步提升服务效能，是保障有活力服务的首要因素。

1. 倒逼准点率

准点率是衡量航空公司服务质量的关键指标之一。航班不准点是乘客抱怨最多的问题。从香港国际机场出发，飞往北京、上海等热门城市的航线经常出现晚点的现象，而且这个现象各大航空公司普遍存在。

导致航班晚点的原因主要有两点：一是天气原因，二是管理原因。天气原因为不可控因素，只能提前部署，妥善应对。但是管理原因导致的航班晚点，则可以想办法提高。

2015年香港航空新任首席运营官王证皓带领团队，采取一系列行动大幅度提高了航班的准点率。通过艰苦的努力，据民航数据分析系统2015年6月发布的《全球航空公司到港准点率报告》显示，目前香港航空在中国主要航空公司的准点率排名中位居前列。

而且，根据香港航空航运部的统计数据显示，即使是与香港主要航空公司相比，香港航空的准点率与竞争公司的准点率也非常接近。以2016年1—6月的准点

KY	昆明航空	中国
BR	长荣航空	中国
GE	复兴航空	中国
CZ	中国南方航空	中国
3U	四川航空	中国
HU	海南航空	中国
HX	香港航空	中国
G5	华夏航空	中国
KN	中国联合航空	中国
EU	成都航空	中国
CI	中华航空	中国
HO	吉祥航空	中国
MU	中国东方航空	中国
8L	祥鹏航空	中国
3M	银色航空	美国
PN	西部航空	中国
ZH	深圳航空	中国
9C	春秋航空	中国
FM	上海航空	中国
JD	首都航空	中国
MF	厦门航空	中国

图 5-1　香港航空在中国主要航空公司准点率排名中位居前列

图片来源：2015 年《全球航空公司到港准点率报告》。

率数据，香港航空与主要竞争公司的准点率相似，都达到了 70% 以上。主要竞争公司的平均准点率大约是 70.65%，香港航空的平均准点率大约是 70.55%。其中，2 月、3 月、4 月、6 月香港航空的准点率甚至比主要竞争公司还要高，尤其是 3 月的准点率高出了 3%。3% 看似没有什么了不起，但其实已是很高的数据了。2015 年香港航空总共有 35 000 个航班，近年预计能达到 45 000 个航班，如果每个月准点率都能比竞争公司高出 3%，那就意味着一年内有接近 2 000 个航班比竞争公司更准时。这是相当了不起的成绩。

航空公司如何提高准点率？从香港航空的经验来看，争取硬件资源，提高过程管理效率是提高航班准点率的关键。在成立之初，硬件资源不足常常导致香港航空航班准点率较低。比如，过去很长一段时间，由于缺乏廊桥资源，导致香港航空飞机靠桥率只有 40%。这意味着 100 架飞机中有 60 架是停靠在远机位，需要通过摆渡车把旅客运送上飞机，这个过程就耽误了时间。相比而言，竞争公司的靠桥率在 80%—90%，最高的时候可以达到 95%。在登机的环节，竞争公司就省下很多时间，保障了飞机起飞的正点率。而且这种由于硬件资源缺乏导致的时间成本，没办法改变。解决的唯一办法，就是争取优势的硬件资源。

实践表明，优势硬件资源是提高准点率的一个很重要的环节。香港航空之所以能够大幅提高准点率，很重要的一个原因是 2015 年年底进驻了香港国际机场中场客运大楼，极大提高了飞机靠桥率。现在香港航空的航班占有的廊桥率达到 90% 以上，一般情况下不需要用摆渡车就能解决乘客上下飞机的问题，这就节省了很多时间。

图 5-2 香港航空进驻香港国际机场中场客运大楼
图片来源：香港航空地勤站。

当然，除了争取更多的优势硬件资源以外，在准点率的管理方面可以通过优化管理机制的方式减少起飞前的准备时间，从而达到提高准点率的目标。这可谓是柔性提高准点率的办法。比如，香港航空采取工作任务倒逼时刻表去管理航班准点率，把航班启停细分出不同环节，明确各个环节所用时间的标准。在实际工作中，各个环节的工作人员记录下自己实际花费的工作时间，对照标准工作时间，每个人都有了时间的压力。如果飞机晚点，就可以分析是哪个工作环节出现超时，什么原因导致超时，哪个人超时。当责任落实到人以后，各个环节的工作人员都有了紧迫感去实现飞机正点起飞的共同目标。

为了提高准点率，员工的压力和工作投入的程度大大增加，所以，公司也设计出相应的奖励方案。如果一线员工团队负责的航班准点率连续三个月处于公司领先位置，公司将给予重奖。

如何抢时间呢？以机舱服务为例，从起飞时间往后推，乘务长要根据这段时间之中要完成的工作填写工作计划表格，并细分每个时间段具体对应的工作，然后传给公司相关管理办公室。公司就以这张表格来考核整个班组。这样，乘务长和飞行班组有了时间压力，整个团队开始主动要去抢时间。以前是一项工作做完再做另一项工作，现在这样可能就来不及了，有些工作需要同时进行。比如，以前飞机到站以后，保洁员打扫完卫生，乘务员再开始整理飞机座位。现在，乘务员为了赶时间，主动帮着保洁员打扫机舱，同时整理好飞机座位。再比如，以前送完餐要数餐具，如果数目不对，通知地勤补齐餐具以后，再通知乘客登机。现在也改变了工作方式，乘客登机的时间是 15 分钟，这段时间内可以一边让乘客登机，一边数餐具。如果餐具不够，要求配餐公司在乘客登机这段时间送来。就是这样争分夺秒地抢时间，减少了飞机等待起飞的时间，为乘客提供更加准点的航班。

2. 基于乘客导向的运营系统

在航空运输业，因为天气原因或其他原因而导致的航班延误时有发生，而且由此引发的乘客与航空公司之间的冲突也不少见。对此，航空公司经常感到很委屈，台风、火山喷发、疾病、飞行流量控制等并非航空公司可以控制，由此造成的航班延误，航空公司能有什么办法呢？

虽然天气原因导致航班延误的现象并非航空公司所能控制，但是航班延误发生以后，航空公司如何应对，是否能够妥善安置乘客则是考验航空公司运营水平的关键。如果处理得及时而且专业，则能够令乘客满意；如果处理不当或者不及时，则很可能引起乘客的不满、愤怒，甚至引发社会事件。

对于航班延误的处理方式不同，乘客反应和服务结果会有天壤之别。比如，2008 年 7 月，因为台风导致航班取消，当时香港航空的服务柜台可谓是人声鼎沸。乘客要求改票，柜台服务人员没有得到更新信息，改不了票；乘客要求安排酒店，柜台服务人员没有得到任何指示，不知如何应对乘客；而当信息更新以后要通知乘客，乘客电话又打不通。总之，服务陷入了混乱，乘客很不满意。

但是 2016 年 8 月，同样是因为台风来袭导致航班取消，这次香港航空妥善处理了乘客需求，柜台前几乎没有了乘客，更没有闹事的情况发生。前后对比差异如此之大，究竟是什么原因使得不满意的乘客都不见了？可以想象的是，乘客都得到了妥善的安置，再也不用通过吵架、闹事的方式来获取期望的解决方案。但这一切都是如何做到的？

其实乘客并不是不能理解天气原因导致的航班延误，他们最无法接受的是没有接到航空公司下一步行动的通知。没有任何预期的等待让人难以忍受，尤其是经过

图 5-3 2016 年 8 月妥善安置乘客后的值班柜台

图片来源：香港航空地面服务公司。

长时间等待以后，仍然不知道下一步该怎么办，乘客难免爆发坏情绪。所以，解决因航班延误而导致的乘客不满的问题，首要问题是及时给乘客提供信息。乘客希望得到的信息是航班是否能够起飞，如果不能起飞，如何安排食宿；如果可以起飞，大概要等待多久时间。但是，大多数航空公司却没有提供这些信息。

经过分析航班延误后的乘客需求，香港航空从 2015 年开始，设计了一套基于乘客驱动的运营决策系统（VOC-driven Operations Decision Making，简称 VODM）。该系统能够协同各个部门共同应对航班延误，通过做出精确的预判及时与乘客沟通信息，提高解决乘客需求的响应速度。VODM 系统有效提高了航班延误处理能力，极大地提升了乘客满意度。

VODM 系统之所以能够有效管理因航班延误而导致的乘客不满，关键在于第一时间把行动计划告诉乘客，让乘客提前安排自己的出行计划或者改变出行计划，而不是停滞在机场一直等待。

在 VODM 系统中，航运控制中心（IOCC）是综合运营中心，当航班延误发生以后，IOCC 要尽快分析航班情况，对乘客下一步行动做出指令，同时，其他四个工作小组（航材小组、维修工程小组、机组人员小组和乘客服务小组）配合 IOCC，围绕

图 5-4 香港航空 IOCC 控制中心的监控屏幕
注：左上图是香港国际机场飞机流量实时数据库，右上图是公司飞机实时信息查询数据库，左下图是气象云图实时数据库，右下图是香港航空所有飞机的动态数据库。
图片来源：香港航空航运部。

对乘客的指令，分解各自任务，按照通知乘客的时间，完成相应的工作。IOCC 如同人的大脑，不同的工作小组负责实施 IOCC 所做出的决策。

当出现不正常航班时，如果是气候原因导致的延误，IOCC 第一时间收集实时云图信息，预估台风过境时间，同时根据机场流量信息，计算出晚点时间。如果是飞机故障导致的延误，IOCC 收集航材、工程维修部信息，做出是维修飞机解决故障再起飞，还是根据公司飞机运行情况重新调度飞机的决定。当 IOCC 做出预判以后，把相关信息通知机组部和乘客服务部，由他们将信息传递给机组人员和相应的乘客，请他们做好相应的准备工作。

在以前，IOCC 不敢做这些决定，就怕预判出错之后，遭到乘客的投诉。但是，在基于乘客需求导向的决策系统中，第一原则是满足乘客需要，而不是避免承担责任。现在，IOCC 扭转了害怕担责的观念，并且树立了满足乘客需要是指导 IOCC 工作方向的最高准绳。

现在航班一旦出现延误，乘客就能及时收到通知，了解大概的等待时间，何时可以起飞；如果情况复杂，IOCC 一时做不出预判，也会及时告知大概多久以后会给乘客通知信息。

当乘客及时掌握信息以后，以前的很多麻烦和问题就迎刃而解了。是否要等待，是否需要订酒店，需要不需要请假，或是取消行程。乘客可以根据IOCC通知的信息，去安排自己的行程。

而且，VODM系统让乘客从过去的被动接受信息到现在的主动查看信息。在以往航班的延误中，航空公司只是通知乘客航班延误的原因，请乘客等待下一步通知。然而导致乘客不满的原因就在于此。乘客不知道最新进展，不知道航空公司下一步行动是什么，究竟要等待多久。由于信息不对称导致乘客产生更多的疑虑，让负面情绪不断累积，甚至引发群体事件，造成乘客不满的局面。

现在通过VODM系统，乘客可以在手机端下载一个APP，实现信息实时同步。乘客可以看到航班最新情况，航空公司下一步行动是什么，进入一个环节大概要等待多久，大致何时能够起飞。通过手机APP，乘客充分掌握了信息，看到了航空公司所做出的努力，自然也能够理解航空公司的工作进展，从而消除了不满情绪。这就从根本上解决了乘客纠纷。

为了提高对延误航班的处理能力，VODM系统逐渐拓展成为以IOCC为主、多部门协同的决策系统，每个部门在此决策系统中承担不同的责任。

在VODM系统中，如果只有IOCC一个部门处理航班延误问题，仍然存在协调能力不足的问题。比如，被延误的乘客提出改签机票的要求，但是IOCC并没有机票销售管理的权限，能否改签机票是商务部的权限，所以IOCC没办法第一时间给乘客做出答复，这就造成了一次不满意的乘客服务。如果碰到类似问题或其他问题不能及时得到解决，造成的乘客不满将越积越多。

所以，VODM系统除了由IOCC牵头解决航班延误问题以外，还需要其他部门共同协调，包括商务部门、货运部门、服务部门、财务部门等。比如遇到航班延误或取消，不正常航班管理办公室将快速分析每一个乘客的需求，从而分析乘客的旅行受不受影响，要不要给乘客订酒店；在乘客睡觉之前，必须通知乘客明天航班情况如何，或者航班是否已经取消……总之，在处理航班延误问题时，航空公司需要按照乘客的需要去决定下一步该做什么。只有满足乘客需要的行动，才是有价值的行动。

3. 超出乘客期望的 A⁺ 服务行动

香港航空作为航空业的后来者，定位于全服务航空公司。在亚洲航空界，不乏优秀的全服务航空公司，比如国泰航空、新加坡航空、全日空、卡塔尔航空、港龙航空等。这些竞争对手不仅实力雄厚，而且多年以来一直享有极佳的声誉，甚至大多数竞争者都凭借良好的服务被评为 Skytrax 五星级航空公司。香港航空凭什么去与这些老牌航空公司竞争？

与这些老牌航空公司竞争，香港航空最大的特点就是年轻。年轻既可以看成是劣势，也可以看成是优势。关键在于如何扬长避短。从香港航空的实践看，就是依靠年轻的活力、激情、谦卑，在服务领域培养差异化的竞争优势，去追赶对手。为此，香港航空实施了 A⁺ 服务行动去提升服务竞争力。

首先对标标杆航空公司，完善自身不足，将服务提高到行业领先水平。为了发现有待改进的服务之处，香港航空首先将公司提供的服务全部罗列出来，整理出一张 A 表；再选择一家标杆航空公司，将其提供的服务全部罗列出来，整理出一张 B 表。用 A 表的服务项目与 B 表的服务项目进行对比，把所有不足的服务项目整理成 C 表。C 表就是香港航空需要改进、提升的地方。

通过与标杆航空公司进行对比，发现服务有待提升的问题，在服务过程中形成工作清单，逐一解决服务问题，逐步提升服务水平。这一工作方法快速推动了香港航空服务改进工作，把公司整体服务质量提高到更高的水平。

但是，仅仅停留在向标杆学习的阶段，这就够了吗？尽管标杆公司十分优秀，但也不是说标杆公司就已经完美，完全没有乘客不满意的地方。所以，在向标杆进行对标，提高自己服务水平的同时，还要倾听乘客的声音并向其他行业中的佼佼者进行借鉴和学习。

因此，更进一步的工作是结合乘客的声音，将其他行业的服务标准与香港航空的服务进行对比，将更好的服务吸收到香港航空的服务标准中，转化为香港航空的服务产品。比如向丽思·卡尔顿、万豪等享誉世界的五星级酒店学习，借鉴服务标准，将香港航空的服务提升到更高的水平。

通过倾听乘客的声音和向其他行业的服务标准进行对标，可以发现很多航空业

图 5-5　香港航空服务标杆管理示意图

注：A 是香港航空公司的服务标准，B 是标杆航空公司的服务标准，C 是香港航空有待改进的服务标准。

图片来源：香港航空服务部。

关注不足或忽视的服务标准，而这些服务标准就是香港航空形成差异化服务，去追赶现有老牌航空公司的机会。然而这仍然不是 A^+ 服务行动的全部。

A^+ 服务行动是要实现香港航空的服务标准和服务水平能够超越乘客的期望。在完成 A 表和 C 表服务项目的基础上，还要追求更大的突破。根据乘客现有需求，通过头脑风暴，挖掘出更多潜在的、乘客也没有想到的服务需求点，经过服务设计转化为服务产品，最终给乘客创造出意想不到的服务。

比如，在商务舱中，客人登机以后，乘务员能够准确叫出乘客的名字；儿童乘飞机有专人看护；给乘客提供飞机上可使用的 wifi；等等。把服务做到超乎乘客期望的水平，才是 A^+ 服务行动计划追求的最终目标。

在追求服务质量提升的道路上永无止境。初级阶段是以行业标杆企业为榜样，通过对标发现不足，然后迎头赶上，把服务水平提升到行业领先水平。然后是倾听乘客的声音，结合其他行业的服务标准，更进一步提升香港航空的服务标准，把服务水平提升到全球领先水平。最后，要把服务标准和服务质量提升到超出乘客期望的水平，创造出乘客意想不到的服务惊喜。而努力兑现服务目标的动力来源是全体员工对乘客使命必达的行动文化。

4. 使命必达的行动文化

2015年9月5日，HX707航班即将从香港飞往印度尼西亚的巴厘岛。就在乘客依次登机入座接近尾声的时候，乘务员Michael急忙前来向我汇报座位号为52A的何先生在登机就座后，发现手机不见了。何先生回想起应该是把手机遗忘在登机等候区的座位上了。

根据乘务员Michael记下的手机的相关资料，我赶紧通知机务及地勤人员，希望能在最短的时间内尽可能帮助焦急的何先生找回他的手机。

在地勤人员全力搜索的同时，为了能增加找回手机的可能性，我立刻请乘务员Michael建议何先生的同行友人拨打他的手机，好让登机等候区的同仁们能够更快地定位手机。

幸好在距离航班启程的3分钟前，地勤同仁和机务带着寻获的手机跑向我，我代表何先生先向他们表示了感谢。当手机及时送到何先生手中时，他激动地感谢所有同仁给予他的帮助，与他同行的友人也高度赞赏我们为乘客使命必达的表现。（故事来源：Annie & Michael）

"大服务，全运行"的系统保障

为乘客使命必达的行动力，不仅需要主动服务的精神，还需要具备专业的服务能力、服务机制和服务系统。这一切主要体现在大服务和全运行两个方面。

大服务就是要求航空公司各个部门的每个员工都应该意识到，一切工作都是为了服务乘客而展开。大服务也要求每个员工明白，服务不仅仅是端茶倒水和微笑，还需要飞机准点到达、平稳降落，妥善处理航班延误、及时回应突发事件……所以，航空公司的每一个人都是身在服务岗位，要努力服务好乘客。在大服务观念的影响下，各个部门的员工也会更高质量地做好本职工作，为一线乘务员的服务保驾护航。

全运行体现在，为了保障安全、准点、优质的服务都能一一落到实处，需要一个完整的运营系统来提供保障。在这个大服务系统的运行中，从机场服务到航线设计、航班时刻表、订票系统、信息咨询、营销策划等等，各个部门都参与其中，各司其职，通过实实在在的行动，满足乘客的需求。

最后，大服务、全运行还需要建立在乘客导向的基础上，一切服务和运营的决策都应该基于乘客需求。明确了乘客需求这个核心，大服务和全运行就找到了共同的指挥棒；乘客需求最终也将成为各个部门开展工作的协调机制。

借助 IT 系统，提升智能服务程度

借助 IT 新技术，提高公司服务的智能化水平，将整体服务质量提升到更高的水平。IT 系统要从后台走向前台，驱动公司的服务效能。

在乘客服务方面，除了常规的打电话或发邮件，现在更多的乘客是通过移动端的手机 APP 去了解信息。所以，公司要借助 IT 系统建立起一个全渠道的乘客互动系统，无论是公司提供新服务、策划新促销，还是乘客向公司反馈意见或提出建议，可以选择多种方式进行沟通。IT 系统要保障乘客能够与公司实现零距离的沟通，比如乘客可以通过互联网、手机、社交媒体、大数据、热线电话等多个途径获取信息和反馈信息。

而且在大数据时代，公司可以利用 IT 技术把服务变得更加智能化。通过大数据分析，一线服务人员可以预判乘客的个性、需求偏好或者特殊要求。因为提前预判，就可以赢得时间去提前准备，不至于当乘客提出要求的时候得不到满足；也有助于提高沟通效率和沟通质量，让服务上一个台阶。

图 5-6　香港航空全渠道 IT 互动系统
图片来源：香港航空服务部。

不断提高自助服务水平

作为全球最为活跃的国际机场，香港国际机场一直致力于为乘客提供更优质的机场服务，包括兴建新大楼、引入新设施等。同样地，香港航空十年来亦在不断地进步和创新，谋求为乘客提供更便利的服务和更舒适的飞行体验。

最近，香港航空便于值机柜台引入自助行李托运服务，让乘客自行打印行李牌及托运行李，从而更快捷地办理登机手续，减少排队等候时间，提升乘客体验。目前，国外也有不少国际机场采用了自助行李托运系统，让乘客自行处理行李。香港航空紧跟国际大趋势，力求时刻保持领先。

在引入自助行李托运系统后，香港航空的乘客便可以自助化办理整个值机手续。因为在更早之前，香港航空已经引入了自助办理值机系统（CUSS），乘客来到机场后便可先在 CUSS 办好登机证，然后再通过自助行李托运系统托运行李，实现一条龙式的自助值机。

自助行李托运服务的使用非常简单：第一步，通过网上/手机 APP 或自助预办登机服务专柜，完成预办登机程序获取登机证；第二步，前往位于香港国际机场 K 行段的"自助登机行李寄舱"柜台；第三步，按电脑指示获取行李牌；第四步，把行李牌挂在托运行李上；第五步，于专柜放下托运行李，并拿取行李收条。

要提升竞争力，最直接的方法便是用实际行动给乘客提供更多的便利和更好的服务，给乘客留下良好的印象，提高乘客的忠诚度。香港航空正朝着这一方向探索前进，努力将更方便、更舒适的服务体验带给乘客。

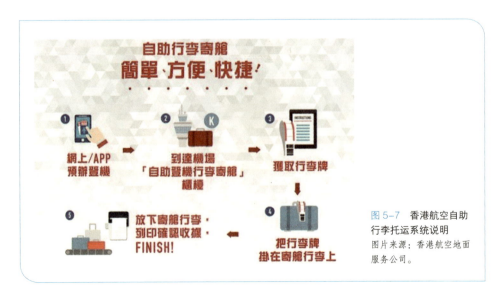

图 5-7　香港航空自助行李托运系统说明

图片来源：香港航空地面服务公司。

灵活的力量：适度授权，贴近乘客 06

灵活的力量来自服务人员坚持以乘客需求为出发点的服务意识和敢于做出决策的勇气。灵活的力量可以克服照章办事、刻板执行服务标准的问题，取而代之的是贴近乘客需求的灵活服务。

服务人员给乘客提供灵活的服务，不是不要标准，而是在坚持服务标准的基础上，超越标准、甚至根据乘客的需要改善服务标准。为了保障服务的灵活性，公司需要给员工适当授权，鼓励一线员工做出决策。

1. 超越标准

有一次，四位大提琴演奏家要去香港演出，或许因为经验不足，他们并没有提前申请特殊行李托运，被一家航空公司拒绝乘坐航班。因为这场音乐会对四位演奏家很重要，他们十分着急。无奈之下，他们抱着试一试的态度去咨询其他航空公司。

四位演奏家来到香港航空公司的柜台前说明了情况，香港航空的员工马上询问安全部、飞行部和客舱部等部门，最终经过协调为四位演奏家安排了座位，并妥善安置了他们的大提琴，从而协助四位演奏家带着乐器，顺利抵达香港。（故事来源：香港航空服务部）

为了确保航空安全，航空公司制定了细致而严格的行李安置及安全检查等规定。当乘客正当的个人需求与公司规定矛盾时，该如何处理？大多数身在服务一线的员工对此类问题都感到很棘手。因为大多数航空公司的员工手册上都写着"行李不符合规定,严禁托运"的类似规定。但是香港航空的这位地勤人员并没有死板地按照规定去执行,而是试图帮助客人解决困难。其实,类似的做法,在其他优秀的航空公司也发生过。

鲁迪·彼得斯是一位美国商人,下榻在斯德哥尔摩的格兰德饭店。这一天,他和同事约好一同前往城北的阿尔兰达机场,搭乘北欧航空公司的航班赶往哥本哈根。当日这一航线的航班只有一趟,而此次出行非常重要。

当他抵达机场时,突然发现机票落在了饭店里。临行前他把机票放在写字台上,穿外套后却没有顺手把机票带走。

谁都知道,没有机票休想上飞机。彼得斯心想自己只能错过这班飞机了,更重要的是他还要错过哥本哈根的商务会谈。可是当他把情形告诉票务人员时,却得到了令人惊喜的答复。

"不用担心,彼得斯先生,"票务人员面带微笑地对他说,"这是您的登机牌,里面有一张临时机票,请您把格兰德饭店的房间号及哥本哈根的通信地址告诉我,其余的事情都交给我来办。"

彼得斯和同事坐在大厅候机,票务人员则拨通了饭店的电话。饭店服务员查看了房间,正如彼得斯所说,机票就放在写字台上,票务人员立刻派人赶往饭店取回机票。由于行动迅速,机票在飞机起飞前送到了。当空服人员走向彼得斯的座位,对他说"彼得斯先生,这是您的机票"时,我们不难想象,他有多么惊讶和欣喜!

彼得斯先生的故事发生在北欧航空公司。对于此事,北欧航空公司的总裁曾一度津津乐道。他认为这是一家以乘客为导向的公司应该有的做法。因为只有帮助乘客解决问题,才会赢得乘客的满意,而满意的乘客是公司唯一有价值的资产。❶ 毫无疑问,四位演奏家和彼得斯先生都是幸运的,但是,并不是每一个乘客都这样幸运。或许,大多数人都曾被粗暴地说"不!"因为在现实的服务场景中,大多数一线员工为了避免错误,会选择执行标准,而忽视乘客的需求。

从四位演奏家和彼得斯先生的案例看,很显然,当公司规定与乘客需求之间发

---

❶ 詹·卡尔森著,韩卉译,《关键时刻》,中国人民大学出版社,2015年。

生冲突时,超越标准去服务乘客,才会令乘客满意。原因很简单,乘客满意才是一切工作的中心,而规定是为了确保服务质量的标准。鉴于航空服务的安全性要求,只要是不对飞行安全构成威胁的正当需求,都应该得到满足。

但是,在标准化的服务行业,一线员工很难根据乘客需要,提供个性化的服务。按照现有常规的企业组织方式,每个员工隶属于不同的部门,被分配在票务、登机、行李运输、客舱服务、配餐等不同的岗位上,每个人各司其职,按照岗位职责履行工作。这样的工作方式客观上决定了每个员工只能看到自己的工作,而不知道其他人在做什么,更不知道如何回答乘客提出的自己工作岗位以外的问题。

从大多数航空公司的服务经验来看,在传统的工作方式下,乘客的合理请求经常得不到满足。比如,当一位素食主义乘客在办理登机手续时,想要确认一下自己预定的素餐是否已经准备好,而在登机柜台值班的员工只能遗憾地回答道:"这个问题需要询问客舱乘务员"。票务岗的工作要求中确实没有管理乘客餐食这一项,这位员工也确实没有做错的地方,但是乘客的要求却没有得到满意的回答。

当这位乘客登上飞机,第一时间询问乘务员自己预订的素餐是否已经送上飞机时,乘务员抱歉地回应道,自己并没有收到配餐公司送来的素餐。而此时,飞机就要起飞了,乘客只能无奈地抱怨一通,而乘务员一脸的委屈,因为他的工作确实只是负责接收配餐公司配送的餐食。

整个事件中,乘客已经给航空公司提供了两次机会去弥补问题,但是却因为传统线性的组织方式导致了服务的失败。所以,改变工作的组织方式是提高乘客满意度的核心。如果票务、登机、行李运输、客舱服务、配餐等不同环节的一线员工在服务某一班次的航班时,形成一个完整的团队,以自组织的工作方式去运作,彼此之间建立起沟通渠道,共享信息,就可以协同完成对乘客的服务。

在基层采取这种自组织的工作方式,可以充分发挥跨组织合作的灵活性,能够及时发现乘客问题,满足乘客需要。比如上文中提到的素食主义乘客,当她第一次在票务柜台询问素食的配送情况时,办理票务的员工可以及时联络该班次飞机配餐员,确认素食是否送上飞机。从乘客问题出发,围绕乘客期望展开工作,满足乘客需要,这是自组织所追求的结果。而这种工作方式的变革,并不需要大刀阔斧地改革，也不用投入太多的成本，只需要改变一线员工的工作方式就可以实现。

为了推动一线自组织工作方式的转变，公司需要重新定义各层级在工作中的角色和管理方式。这就需要改变在传统金字塔的科层组织结构中从上而下的管理方式，即公司高层制定公司的目标与战略，中层围绕公司目标制订计划和组织实施，基层员工具体实施计划。面对千差万别的乘客需求，传统从上而下的管理方式容易导致基层员工工作僵化，刻板执行岗位职责。

为了更好地满足乘客需要，高效地解决乘客问题，应该形成自下而上的管理方式。大多数情况下，一线员工是乘客问题的第一发现人，也应该成为解决乘客问题的第一责任人。当然，基层员工可能面临权限不够的问题，但是他可以立即通过纵向或横向联系本部门或其他部门的经理，再由部门经理为一线员工提供支持，协助其解决问题。

通过一线员工推动、中层经理提供支持的做法，进行定期总结，为中层经理进行管理创新提供可能。通过总结，中层经理可以重新设计一线员工的权限，变革服务流程、创新部门间的合作机制，从而创新工作计划、组织方式和管理制度，使之更加适应业务发展的实际需要。

为了推动自下而上的管理方式持续开展，高层管理者需要创造出与之适应的管理环境。高层管理者要把"激活一线员工作为管理者使命"的理念传递给中层经理；与一线员工建立信任关系，给予激励，让他们享受到承担责任、最终解决乘客问题的快乐。

在从下而上的管理方式中，每个人的角色都是管理者：高层管理者提供方向、愿景，起到目标引领和激励的作用；中层领导成为基层员工的工作协调者和工作制度的完善者；一线员工成为乘客的管理者，围绕乘客需求，协助乘客解决各种问题。自下而上的管理方式可以有效改变一线员工只会刻板执行规定，而忽视乘客需求的问题。同时，也有助于激励员工的工作热情和责任心。

2. 因乘客而改善服务标准

除了一线员工机动灵活地处理乘客问题以外，更重要的是航空公司能够从服务标准上完善现有服务的不足。比如，大多数航空公司的服务标准普遍不允许乘客带乐器上飞机，乐器需要办理行李托运手续，此规定让经常外出表演的音乐家感到十分痛苦。因为托运乐器经常会发生乐器损坏的情况。对于音乐家而言，乐器就是他们心中的挚爱，乐器被损坏，无异于一场大灾难。

图6-1　常规行李托运经常对乐器造成损坏
图片来源：香港航空服务部。

针对航空业行李托运标准带来的问题，香港航空创新推出了一项新的服务标准——机舱乐器保护服务。针对携带乐器搭乘航班出行的乘客，香港航空免费提供特制托运乐器保护箱。在香港航空指定的航点城市，乘客只需在搭乘航班前三个工作日与订位部联系，符合指定尺寸的乐器即可放置于特别保护箱内免费运送，保护箱尺寸为112×45.5×21厘米或44×18×8英寸（包括乐器箱），重量不超出8公斤或18磅（包括乐器箱）的乐器，都可享受预订服务。机舱乐器保护服务不仅包含国内航线，也包含国际航线，所到城市包括：北京、上海（浦东及虹桥）、成都、重庆、福州、贵阳、海口、三亚、杭州、南京、天津、台北、巴厘岛、甲米、曼谷、河内、冲绳、冈山。香港航空推出乐器保护箱

图6-2　香港航空为乐器托运免费提供保护箱
图片来源：香港航空服务部。

以后，很多音乐人在互联网上留言点赞。

除了乐器之外，香港航空公司还为其他精密仪器提供专门定制的特殊行李保护箱。乘客还可以为特殊行李保护箱购买座位，或者为了更多私人空间也可以买两张票，空出旁边的座位。总之，通过完善新的服务标准，满足乘客特殊的需求。

为乘客提供超越标准的服务，无疑会让乘客印象深刻，但是如何才能把超越标准服务变成常态化服务？这就需要建立起长效机制去保障超越标准的服务。曾经有一个香港家庭在泰国旅游，因为遭受了车祸，希望提前改签机票回港，并希望公司免收改签费。如果不能超越服务标准去处理这类突发事件，就可能导致乘客的不满。

那是 2015 年 2 月中旬在泰国，唐先生及三位家人一同搭乘香港航空的商务舱到达曼谷。在曼谷，他们一家不幸发生车祸，意外发生后，唐先生曾于 2 月 15 至 16 日期间致电香港航空呼叫中心寻求协助，希望可以免除他们一家的改期费及未乘机罚款。但是按照机票改签规定，每位乘客改签机票需要支付改签费 1 200 元，唐先生一家四人需要支付 4 800 元改签费。

在沟通过程中，唐先生特别强调四位乘客皆严重受伤，希望呼叫中心能尽量协助并酌情处理，豁免有关费用。由于呼叫中心的接线员没有相关权限，便请唐先生留下电话号码，告知他说，相关同事会立即联系他，帮其解决问题。放下电话，呼叫中心的接线员立即联系顾客关系及服务监察部，请求支援。相关部门立即与唐先生取得联系，并于当天晚上改签最快的航班，协助两名乘客先从泰国曼谷回港就医，并安排另外两名乘客第二天最早的航班回港。在香港航空驻曼谷机场职员的协助下，两名受伤乘客乘坐轮椅登机，在抵达香港时，公司提前安排的救护车已经在停机坪等候伤者。（故事来源：曼谷外站地勤 -Jessica）

当然这只是一起个案，这名接线员妥善地处理了乘客的问题。假如换一名接线员，唐先生的要求能够得到满足吗？恐怕难以保证。

为此，公司需要建立一种长效机制去监督和及时完善超越标准的服务，并使之成为常态化。香港航空成立了顾客关系及服务监察部，通过神秘乘客和两个月一次的服务监察大会，去保障超越标准的服务，并从制度上提出解决办法。

神秘乘客对公司发现服务缺陷，完善服务标准方面有着重要帮助。公司会邀请一些政界、商界和学界的知名人士，请他们登上飞机，感受香港航空的服务体验。这些知名人士大都见多识广，而且不受公司约束，他们作为神秘乘客，可以把观察到的情况直接提出来，提升香港航空的服务水平。

除此之外，香港航空服务部每两个月组织一次服务监察大会。与神秘乘客不同的是，这是一次内部员工参与的会议。在会议中，顾客关系与服务监察部先汇总服务中存在的问题，并鼓励大家积极建言，形成有效的管理对策。

由此可见，为保障持续为乘客提供高水平的服务，制定相应的长效管理机制是非常重要的措施。香港航空正是通过神秘乘客和服务监察大会，落实对香港航空各部门的监察工作。在企业外部，发掘服务环节中存在的问题、服务体系的缺陷，并组织改进和监控服务质量的稳定性。在企业内部，检查相关部门的内部工作流程、政策制定、个案处理等，改进未完善的部分，提升服务水平，从而促进香港航空的发展，令服务日益完善。

3. 灵活沟通机制：24 小时微信客服

五年没响铃的号码，突然响了。我看着这个有些陌生的号码，幸好智能手机唤醒了我的记忆，这个号码是来自五年前主动向我们反映乘坐我们公司航班感受的蔡先生。原来蔡先生预定的周末飞泰国的航班，因公司运力调整改变了执飞机型，该机型没有蔡先生原来预定的可以 180 度平躺的座位。因此，蔡先生想要改乘前一个航班。通过跟客服沟通，客服回应说，蔡先生购买的是折扣机票，不能改签航班。可是蔡先生认为这是因为航班更改原定机型，所以才会想要申请改签，这应该是自己合理的权益。无助的蔡先生便向我求助，咨询能否改签。

听明白事情原委以后，我知道这是服务标准固化引起的问题。在服务业中普遍存在服务标准与乘客需要相违背的情况。从蔡先生的角度讲，蔡先生购买的机票是可以平躺的，但是现在由于航空公司的原因，更改了执飞的机型，理应给蔡先生改签机票。从服务标准来看，蔡先生购买的是折扣机票确实不能改签。但是，问题就出在服务标准是死的，它不能解决计划以外的事件。作为航空公司，我们有责任满足乘客正当的诉求。

于是我安抚好蔡先生后，赶紧向上级汇报，在上级领导的指示下，联系商务部门为蔡先生改签机票。通过大家的努力，蔡先生的问题得到了圆满的解决。（故事来源：香港航空服务部创新项目副总经理 - 曾兴敏）

蔡先生的问题得到了解决，这件事也引起了服务部管理层极大的反思。如果蔡先生没有存下公司同事的电话，他的问题还有解决的途径吗？如果其他乘客碰到紧急情况，常规客服渠道不能解决问题时，乘客的问题还能解决吗？想到这些问题，服务部的管理层感到十分不安。

但是，此类问题要从根本上消除却又十分困难。一方面，服务标准是保障服务水平达到一定水准的有效办法；另一方面，服务标准是固化的、死板的，不能解决计划以外的事件。很显然，再完善的服务标准都解决不了所有的问题，问题在于是否能够设计一个新的沟通机制，把服务标准解决不了的问题，传递给应急处理部门，去处理计划以外的事件。

设计新的沟通机制是解决意外事件的好办法，但是，热线电话不能解决此问题。热线电话常常因为占线而让乘客更加着急，而且很多时候千言万语不如一张图片更容易把事情说清楚。为此，服务部想到微信同时具有文字、语音、图片传送功能，而且微信可以多人同时进行交流。最终，服务部开通了24小时微信客服。

24小时微信客服作为创新的乘客与公司之间的信息沟通渠道，乘客可以将地勤客服解决不了的问题，或者服务标准解决不了的问题，直接发送给微信客服。微信后台有24小时轮班的客服人员，他们会专门处理乘客遇到的意外事件或者突发事件。

24小时微信客服操作非常简单，只需要在香港航空的订阅号中写下自己遇到的问题，就会有客服做出回应。尤其是乘客认为的合理诉求，而现有服务标准无法解决的问题，微信客服就会为乘客联络相关部门，尽量解决乘客问题。通过24小时微信客服，乘客不仅不用忍受拨打热线电话的各种麻烦和等待，而且服务标准以外的正当乘客诉求也得到了有效的保障。

4. 鼓励一线员工决策的授权文化

营造授权文化

授权文化让员工得到了自由，让他们产生主人翁意识，能够像主人翁一般去做事。这种文化不会让任何一个人感觉自己就像一个机器上无关紧要的齿轮，而是每个人都理解自己的贡献具有哪些意义。这种文化能够让员工做成一点事情，不会遇到复杂而烦琐的审批程序，也不必事事都请示领导。

授权有助于提高一线员工对乘客需求的反应速度。在航空服务中，乘客的需求千差万别，潜在的各种突发情况也时有发生，原定的标准化服务程序可能不能很好地解决乘客的问题。如果一线员工没有一定范围的合理授权，事事都要请示，必将延误服务效率。而且，合理授权是培养下属成长的重要措施，通过授权可以增强下属的责任感和工作积极性，也可以在工作中发现潜在的管理者，为人才梯队建设做好铺垫。

香港航空的员工之所以看起来充满激情，可能跟公司提倡授权文化紧密相关。香港航空的员工大多是30岁以下的年轻人，给他们一定的授权，给这些年轻人一定的空间，就能释放出巨大的活力来。

当然，如果授权管理不恰当也可能会导致员工懒散、工作效率低下的问题。因此授权文化既需要在扁平化的组织中厘清各种关系，也需要明确每个岗位的权利、责任和义务。

设计扁平化组织，厘清责任关系

对于处于上升阶段的创业公司，公司发展迅速，员工人数激增，不知不觉中可能增加了公司的层级。从某种意义上讲，更多的层级可以为员工晋升提供机会，但是层级的增加必然减缓工作的效率，因为增加的审批程序使大家需要召开更多的会议才能推动工作的开展。而且在等级森严的制度中，培养不出卓越的人才来。所以，组织机构扁平化是让公司依然保持活力，保障授权文化的组织基础。

虽然每个公司可能都有不同的组织结构，或设计组织结构的方法，但是有一点必须一样，那就是员工能够清楚理解组织机构和工作汇报关系。简而言之，公司需要一个简单易懂的组织结构图，揭示各种汇报关系，让大家一目了然地看到哪个人应该对哪种结果负责。明确的组织关系能够明确授权关系中应该达到的效果，被授权的人必须为上级下达的目标负责。

比如，在香港航空，人员最多的服务部，最小的组织单位是班组，班组由乘务长负责管理，并被授权管理机舱服务一切事物的权力，同时对机舱服务结果负全责，乘务长与中队长形成汇报关系。中队长被授权管理整个飞行中队，对中队里的每一个班组进行管理，中队长与服务总监形成汇报关系。类似于香港航空服务部的这种组织结构和授权文化，基本上保障了一线员工可以根据实际情况做出决策，对于每一个决策有明确的决策人和责任人。这一授权文化既达到了给予员工施展才华的空间，又对授权形成了合理的约束机制。

团队的力量：
包容协作，树正能量　07

郎平教练在会见香港航空女排队员时说道："一个人的力量再大也抵不过团队的力量"，这句话不仅适用于个人，也适用于服务实践。在服务实践中，为了满足乘客需要，提供超出乘客期望的服务，一个人的力量根本不可能做到。所以，服务离不开团队的力量。

只有发挥团队的力量，才能创造极致的服务。为了实现精诚团结，需要全体员工彼此包容，磨炼出克服一切困难的团队精神。在克服困难的过程中，让每一个团队成员感受正能量，并且传递正能量。

1. 极致服务的背后是团结协作

当日是由台北回港的航班，乘客陈先生在登机后不久发现自己的手机遗忘在了登机闸口的候机区。他立即告诉乘务员 Anson，Anson 在了解详细情况后立即通知乘务长 Eva，由于时间紧逼，Eva 立即寻找台湾的地勤人员协助寻找手机，同时，Anson 将所做的工作告知陈先生。很可惜，在关上机门的一刻地勤人员表示未能找回失物，Eva 便将乘客的联络方法交给地勤人员，以便寻回失物时联络失主。同时，我们将情况告知陈先生及台北机场失物中心。在飞机起飞前，陈先生收到了台湾地勤人员的来电，通知他遗失的电话已经寻回。接到电话，陈先生非常感激我们为他所做的一切。

在这件事上，我们明白了团队合作是非常重要的，在有限的时间内要同时处理多项工作，如信息传递、安保、登机工作等等，必须分工合作才可以有效地完成不同的挑战，这也是作为乘务员的一份责任，我们非常高兴能够帮助到乘客。（故事来源：乘务员 -Kwai Hung）

在服务业中，为了把服务做到极致，团结协作必不可少。陈先生的手机失而复得就是一线员工之间团结协作的结果。要实现良好的团结协作，首先要信任同事，其次是要积极承担责任，完成托付。

一位高级乘务长谈道，在每次飞行中，乘务长都是随机排班，可能会被安排到不同的班组，尽管与乘务员是第一次见面，但是她都是非常信任同事，放心给团队成员分配工作，领导团队成员各尽其责。如果不信任同事，乘务长的工作也难以开展，更不用说给乘客提供更好的服务。

团队成员得到同事的信任，无疑是最大的肯定，所以也会加倍努力地投入到工作中去，用最大的热情服务乘客，圆满地完成同事的托付。尤其是对新生代员工而言，年轻人都渴望承担责任，互相分担，彼此协助，在良好的配合中完成一项又一项的任务。有什么样的成就感能比在工作中得到肯定更让人开心呢！

除了团队成员之间的信任和积极承担责任之外，极致的服务更是离不开跨部门的协作。对于航空服务业来说，更是如此。就以餐食为例，当一份精美的菜单呈现在乘客眼前的时候，看起来如此简单的东西，却凝聚了多个部门的心血。

比如2015年新推出的鸭腿汤和鸭腿饭，受到了乘客的欢迎。但是一份美味鸭腿汤的诞生却需要许多部门的合作。首先是客舱服务部做出新菜单的策划；然后是品牌中心策划相应的公关活动，请网友参与新菜品的开发，当大多数网友投票给鸭腿饭后，品牌中心将信息反馈给客舱服务部；客舱服务部再去寻找合作资源——全香港鸭腿饭做得最地道的餐厅和厨师，与之共同开发出适合于飞机上食用的鸭腿汤；当联合外部资源开发出鸭腿汤以后，客舱服务部再制定相应的服务标准，培训空服人员如何服务，比如汤加热的时间、用什么容器盛汤、盛多少量等。

一份看起来再简单不过的鸭腿汤，在奉送到乘客面前时，需要经过客舱服务部、品牌中心、外部合作商和乘务员的共同合作，才能成功推出创新的菜品。当新菜品推出之后，可能还要通过问卷调查、乘客访谈等方式收集乘客的反馈信息，以做出改进。

跨部门的合作也是提高创新价值的有效途径。当新推出的菜品特别受到乘客欢迎，又能够体现香港味道时，品牌中心就会围绕这款新菜品设计更多的海报、微博话题、朋友圈活动等等,甚至以此作为吸引乘客乘机、传播公司品牌的机会。这么看来,餐食不仅是客舱服务部关注的项目,也会是品牌中心、商务中心高度关注的项目。这里面隐藏着连接乘客与公司的节点。

再譬如说机舱免税品的销售,这是航空公司增加辅业收入的普遍策略。为了保障免税品的销售,需要乘务部、商务部和机舱服务部的通力合作。首先,因为乘务员才是接触到乘客的一线员工,所以,免税品的超高销量离不开乘务员基于乘客需求的热情介绍。

其次,免税品的采购工作需要依靠服务部完成,不仅要开拓数量更多、供货政策更优惠的品牌商,还需要乘务部提供最一线的乘客需求以帮助其决定品牌的采购。

最后,为了提高乘务员的销售效率,设计出面积小、陈列大的推车和销售辅助工具则离不开机舱服务部的支持。只有三个部门通力合作,才能保证免税品销售取得良好的绩效。

正是由于跨部门的团结协作,使得香港航空机舱免税品销售取得了出色的销售业绩。2015年香港航空成为亚洲唯一一家跻身ISPY(机上销售年度大奖)[1]最后四强的全服务航空公司,公司的机舱服务员雷乐勤先生还荣获了"最具魅力奖"。

图7-1 香港航空机舱服务员雷乐勤先生(左二)荣获"最具魅力奖"
图片来源:香港航空新浪官方微博。

---

[1] ISPY是指机上销售年度大奖。该奖项自1999年起举办,由世界各大航空公司和机上销售相关组织机构的代表参加,评选出最佳航空公司和销售年度大奖。

2. 只有包容才能精诚团结

包容是团结合作的基础

香港作为一个多元文化汇聚的国际城市，其开放包容、求同存异、互相借鉴的精神，塑造出了这颗璀璨的东方明珠。正是由于包容，所以香港融汇东西，成为金融、信息、客运、物流的中心。

正因为香港吸收了全球的资源，也为香港航空的发展提供了多元化的人力资源。香港航空目前的员工来自全球 40 个国家和地区，但主要以香港本地员工为主。如果本地人力资源无法满足一些岗位的需要，那么公司将面向亚洲乃至全球招聘人才。所以，现在香港航空是一个拥有国际化人才资源、多元文化融合的公司。

对于香港航空而言，公司需要形成包容的文化。包容就是融合、兼容并蓄、宽容大度和无所不包。正所谓"草木有情皆长养，乾坤无地不包容"❶。在香港航空，员工之间交流的语言主要是英语、广东话和普通话。不同国家的员工有不同的饮食习惯、不同的宗教信仰和不同的个性特点，多个国籍的员工汇聚一堂，彼此包容，就能互相理解；彼此包容，就能互相体谅；彼此包容，就不会在工作中互相埋怨、推卸责任。

在公司人才选拔和晋升方面，一直都秉持着一个观点：在香港航空工作的人，没有香港人、内地人以及外国人之分，他们都是国际人。在人才的选拔、任用上，唯才是用是公司唯一的原则。

包容是对乘客的同理心

只有包容乘客才能理解和谅解他们的困难，更好地提供服务。香港航空的使命就是成为人与人之间的桥梁，在对待多元文化方面，需要保持开放的心态，无论是面对欧美乘客、日韩乘客、东南亚乘客，还是面对内地乘客，都要尊重乘客的文化、习俗、年龄，做到一视同仁。

在一次飞行途中，一位空服人员三次给老人倒咖啡的故事，让人看到了包容的

---

❶ （明）李东阳《大行皇帝挽歌辞》。

温暖。当时，一位独自乘坐飞机的老人想喝咖啡，乘务员便很快端来一杯咖啡给老人。老人因为年龄较大，伸出手去接咖啡杯的时候，手一直在颤抖。一不小心，咖啡杯从手中滑落，咖啡全洒到了地上。

于是乘务员又倒了一杯咖啡端给老人，并提醒老人慢慢接着。可是老人的手依旧在颤抖，在接过咖啡时，又洒在了地上。但是乘务员没有丝毫的抱怨，并注意到了老人的特殊情况，便又倒了第三杯咖啡。为了方便老人饮用，还特意更换了一种有盖子的一次性纸杯。这一次老人终于喝上了他想喝的咖啡。

对于乘务员有耐心的服务，老人非常感谢，也觉得很抱歉。可是，谁都会有年老的一天。只有包容乘客，才能理解和体谅乘客的难处，更好地服务乘客。

包容的本质就是平等发展每一位员工

包容不仅是一种良好的道德修养，而且是一种重要的管理智慧。包容的精髓就是平等地保障每个人应有的发展权利，坚持以人为本，促成和谐发展。苏轼在《上神宗皇帝书》中写道："若陛下多方包容，则人才取次可用"。

要平等发展每一位员工，就要克服狭隘的原住民思想。"原住民"常常借用文化纯洁性的说辞，认为这种文化纯洁性受到本地区边缘群体或新来群体的玷污或威胁，从而这些新来群体的权利应少于原住民群体。

无论是管理者还是员工，都要克服狭隘的原住民思想，其实我们每一个人都是移民。人类一直由于各种原因四处迁徙。现实情况是，如果我们把祖籍追溯得足够久远，那就没有一个群体待在他们祖先曾经待过的地方。所以，公司要给予所有员工平等的权利，无论他们是否拥有与自称"原住民"人口同样的某些文化习俗。

香港航空虽然是一家本地的航空公司，但是公司在员工发展方面体现了公平、平等的原则。各级别的管理成员中都有来自不同国家和地区的员工，以服务部为例，服务部总监是香港人，机舱服务主管是新加坡人，机舱服务质量主管是英国人，空乘中队长和乘务员队伍中既有香港人，也有韩国人……这是告诉每个员工无论你来自哪里都有发展机会的最好方式。

3. 向女排精神学什么？

在 2016 年巴西奥运会女排决赛中，当朱婷最后一个重扣打手出界，中国女排奇迹般地战胜对手夺得冠军，一场酣畅淋漓的胜利重新唤醒了国人的热血和情感。刹那间，女排精神再次横扫各大媒体，成为体坛的头版头条。但女排精神到底是什么？

图 7-2　郎平从香港航空董事长张逵先生（右二）手中接过港航机模
图片来源：香港航空微信订阅号。

回顾中国女排在本届里约奥运会的历程，小组赛被分到死亡之组，却一路低开高走，在小组赛三败之后不言弃，淘汰赛分别战胜东道主巴西队与欧洲劲旅荷兰队，更在决胜局逆转塞尔维亚勇夺冠军。女排精神最可贵之处，在于并非不可战胜，而是哪怕处于低谷，也要拼尽全力，去完成看似不可能完成的任务。这正是香港航空要求员工追求和学习的精神。

当女排夺得奥运冠军凯旋回国，在香港转机停留之际，香港航空的女排队员们在中国女排下榻的酒店见到了她们心中的偶像。在与郎平主教练交流时，郎教练告诫香港航空的女排队员们，一个人的力量再大也抵不过团队的力量。在拜会完郎平教练和中国女排队员后，对于女排精神，香港航空的姑娘们也有了更深刻的领悟和体会。

主攻手、队长 Katy：相信每个人都会经历人生的高潮和低谷，中国女排的谦逊精神是最值得我们学习的。面对在小组赛击败自己的对手，中国队表现出很高的灵活性，针对对方弱点，克制对方强项，最终获胜。而且永远都不骄不傲，沉稳应战。

快攻手 Katherine：中国女排不放弃的团队精神，让我更清楚地看到如何能够在各种变动中去竭力掌握能控制的部分，与团队配合，从无奈消极变得更加积极。

团队的力量：包容协作，树正能量

　　接应二传 Cella： 女排是讲求团队合作和相互沟通的，正如我们乘务员一样，如果缺乏这两个元素，一定会出现问题。一个团队其实没有正选和后备，只要有共同的目标，每个人都缺一不可。

　　接应二传 Bowie： 女排不放弃的精神让大家刮目相看，即使在不利的环境下比赛，仍然可以发挥最佳水平，这是值得我们学习的。因为作为乘务员，每天都在面临突发情况，在最短的时间内适应当前环境十分重要。

　　香港航空曾经遇到过一次重大危机，但凭借着公司上下齐心协力，最终渡过了最困难的日子。

　　曾经香港航空在更换推机车❶服务供应商时，旧的服务供应商终止了服务，但是新供应商的服务能力一时间满足不了公司的需求，导致飞机到站以后没有推机车把飞机牵引到跑道，航班无法顺利启航，造成航班严重延误。如同多米诺骨牌效应一样，受阻航班变得越来越多，乘客在飞机上的情绪变得越来越激动。

　　面对乘客的抱怨，甚至是责骂，一线员工承受着前所未有的压力。但在这最困难的时刻，不论是地服人员还是空服人员，大家互相支持，坚持服务乘客为本的精神，用服务感染失望的乘客。希望他们明白，虽然我们在安排上出了乱子，但一定会尽力服务乘客，让他们感觉更好一点。

　　平日在办公室的管理层，也放下手中的工作，赶赴登机柜台去帮忙，甚至到飞机上支持一线员工，陪伴一线员工一起共渡难关。

　　还记得我被安排到其中一个航班接替超过工作时间的机组人员，我在清晨五点左右赶到现场，踏上飞机后才知道很多不同部门的管理层原来一直在飞机上照顾乘客。

　　顾客关系及服务监察部的主管把每一个家庭的个别需要逐一向我解释，我试着问，"你怎么知道得这么仔细？"她才告诉我，她和她的团队在前一天离开办公室后便赶到飞机上，亲自向每一位乘客致歉，与机上乘客共度十个小时以上。

---

❶　推机车俗称拖把车，由于飞机没有倒车设置，所以在起飞前需要推机车把飞机牵引到正确的方向才能起飞。

管理层对乘客极度用心的热情感动了我和其他机组成员，受其感染，我们也更加用心地去照顾每一位乘客。（故事来源：乘务部中队长 -Joey）

此次事件显示出香港航空就是有一种特别的力量能够把员工的正能量凝聚在一起，精诚团结，共同战胜困难。这种由第三方原因而导致的问题，却要一线乘务员来承受乘客的抱怨、责备，甚至是破口大骂，而且长时间停滞在机场提供甚至长达十多个小时的服务，可以想象一线乘务员会是多么委屈。别说是新生代员工，就算是多年的老员工也难以承受乘客的苛责。"不是我的问题，凭什么让我买单"的想法一旦蔓延，将出现内外交困的局面，甚至会引发一线员工的离职潮。

但是，在此次事件中没有一个员工撂挑子，反而是全公司拧成一股绳，更加团结。究竟是什么力量让全公司上下的员工精诚团结。当事者回忆说，"当时确实很难，因为大多数乘务员都是年轻女性，难以忍受乘客的责骂。就在最困难的时候，公司高层领导纷纷下到一线，以身作则，去承担责任、服务乘客、支持员工工作。"

那时候，香港航空服务总监在机舱里为乘客提供服务，安抚乘客，给一线员工提供支持。财务总监到一线了解乘客情况，紧急调拨资金，给乘客安排食物、水果、饮料；商务总监积极为乘客协调机票改签或者换票等事宜；飞行总监来到现场，积极寻求其他的推机车公司帮忙……

在困难之际，公司管理干部纷纷自愿来到一线，分担一线乘务员的工作，一一向乘客解释原因，与一线乘务员一起面对乘客的抱怨。而且，很多高层领导所在部门与空服工作完全不相关，但是他们也都纷纷来到一线一起解决问题。高层领导积极承担责任、不去抱怨的精神感动了一线员工。渡过难关以后，大家看到了精诚团结的力量，树立起了一定能够战胜困难的共同信念。

当回忆往事的时候，此次痛苦的经历变成了美好的回忆，也成为每个人心中一枚无形的"勋章"。当事人再向新同事或朋友谈起此事时，心中充满了自豪和骄傲；老同事之间再谈起此事时，共同战斗的"战友情谊"油然而生。

虽然成功渡过了推机车风波，但以此为鉴，公司要更好地支持员工，团结员工，就要提前储备战略资源，建立良好的供应商网络，为一线员工提供有力的后勤支持。有了前车之鉴，当香港国际机场启用新修建的中场候机楼后，香港航空积极争取了大量的廊桥资源。此举为提高顾客服务水平提供了后勤保障，也是给一线员工最有力的支援。

长期以来，香港国际机场堪称世界最繁忙的机场之一。据香港机场管理局统计，香港机场 2015 年有三项运输量继续保持增长，并均刷新年度纪录。其中，接待旅客为 6 850 万人次，飞机起降量达 406 020 架次，年增长分别为 8.1% 和 3.8%。同时，货运量也同比上升 0.1%，升至 438 万公吨。[1] 不断增加的机场使用需求，使本来有限的基础资源更加紧张。

其中，与乘客服务体验紧密相关的廊桥更是成为提升航空公司服务体验的战略资源。拥有廊桥的航空公司，其乘客可以从机场大楼，通过廊桥直接上下飞机。而没有廊桥的航空公司，只能依靠摆渡车接送乘客上下飞机。不仅浪费时间，而且摆渡车拥挤的环境，也大大降低了乘客的服务体验。

作为后来者的香港航空，很长一段时间都陷入没有廊桥资源的被动之中。无奈之下，香港航空只能一边依靠服务的力量，通过积极主动、热情、多走一步的服务精神，逐渐提高服务质量；一边积极争取在飞往北京、上海等热门城市的航线上能够争取到廊桥资源。

直到 2015 年，香港航空终于等来了重大机遇。香港国际机场于 2015 年年底启用最新候机楼——中场客运廊（Mid-Field Concourse，也称为"MFC"）。中场客运廊是香港国际机场中场扩建计划的重要部分，以应对不断增长的客运需求及维持香港作为区域及国际航空枢纽的地位。中场客运廊已经全面投入运营，每天运营约 230 班航班，每年可额外接待 1 000 万人次的客运量。

中场客运廊位于 1 号航站楼以西，坐落于现有两条跑道之间，共有五个楼层，占地面积达 105 000 平方米，楼层高度与 1 号航站楼相似。在设置的 20 个停机位当中有 19 个附设登机桥，包括两个可容纳 A380 巨型飞机的停机位。香港航空争取到了近一半左右的停机位，终于实现了绝大多数航班都能通过廊桥上下飞机的目标。

---

[1] "香港机场最新候机楼——中场客运廊"，http://news.carnoc.com/list/336/336341.html。

年轻的力量
香港航空服务创新之路

图 7-3 乘客从 1 号航站楼乘坐无人驾驶的小火车到达中场客运廊
图片来源：作者拍摄于香港国际机场捷运系统大厅。

争取廊桥资源是香港航空一项重大战略发展举措，备受公司高层重视。早在 2011 年中场客运楼规划之初，香港航空就开始与机管局和机场积极接洽。一方面，通过近十年的发展，香港航空从零起步取得了巨大进步，而且连续五次被 Skytrax 评为四星级航空公司，香港航空逐渐得到了香港机场管理局的重视和信任。另一方面，公司成立了专项工作小组，谨慎防范竞争对手的限制。为了避免新的廊桥资源被其他航空公司抢占，专项工作小组实时收集情报，跟进机场建设最新动态，在开放中场客运廊时，第一时间争取到了廊桥资源，而且根据未来发展趋势，还做出了必要的战略储备，结束了多年来缺乏廊桥资源的问题。

现在，香港航空的乘客在 1 号候机楼经过安检以后，可以乘坐自动捷运系统的无人驾驶小火车，在 3 分钟内就可以轻松抵达中场客运廊，通过廊桥舒适地登上飞机，开始愉快之旅。香港航空的乘客在乘机体验方面有了很大的提升。

4. 包容协作的团队文化

为了鼓励团队成员团结协作、彼此包容、共同面对困难，最终在公司形成正能量的团队氛围。英国赫特福德大学心理学系教授理查德·怀斯曼在《正能量》一书中指出，正能量指的是一切予人向上和希望，促使人不断追求，让生活变得圆满幸福的动力和感情。❶

---

❶ 理查德·怀斯曼著，李磊译，《正能量》，湖南文艺出版社，2012 年。

07 团队的力量：包容协作，树正能量

在团队建设方面，需要多多沟通，让员工感觉公司时刻与自己在一起，在工作中看到希望，在困难中有人伸出援手。在团队中，大家互相包容，彼此鼓励，充分感受到彼此之间传递的正面情绪，逐渐形成包容协作的团队文化。

建设优秀团队

有效的团队可以增进员工之间的了解，促进员工之间的知识和经验分享，提高合作的默契。团队建设是构筑正能量的堡垒的基础。目前香港航空拥有3 300名员工，其中乘务部员工接近1 500名，是人员最多的部门。为了有效地建设团队，乘务部分编为8个中队，每个中队由一名中队长领导，中队长会被随机安排到不同的班组，作为班组乘务长参与空服工作。通过具体的工作，中队长可以指导乘务员的服务技能，帮助乘务员成长，成为乘务员的良师益友。当乘务员遇到问题的时候，也可以第一时间向中队长寻求帮助。在一线的共同工作经历，使大家结下了友谊，构成团队堡垒的基础。

此外，团队领导要善于激励员工，形成1加1大于2的团队力量。如果团队融合不好，不仅不能实现1加1大于2的力量，反而可能限制每个人的发展，甚至产生1加1小于2的局面。为了发挥员工的聪明才智，团队领导要鼓励员工根据实际情况快速反应，做出恰当的决定。

图7-4　香港航空精神饱满的空乘团队

图片来源：香港航空服务部。

在团队中，领导不仅要善于激励下属，更要在责任面前勇于承担。如果有团队成员犯错，这绝不是他一个人的错误，团队领导要敢于挺身而出，保护下属，积极承担责任。领导者主动担责的行为是培养团队积极履行责任、承担责任的最好的教育方式。

大概几年前，一架飞往上海的航班因为航空管制，飞机长时间不能起飞，以至于航班取消。机长收到通知后，向乘客报告该航班被取消。当打开舱门，组织乘客下飞机时，乘客们突然集体爆发，开始抱怨，拒绝下飞机。

见此突发情况，乘务长先向所有乘客道歉，并走到乘客身边，一一向乘客解释，请求原谅。乘务员看到乘务长身先士卒，也纷纷走到乘客身边，向乘客说明情况，解释原因。当个别乘客把怨气发泄到乘务员身上，并提出要向公司投诉时，乘务长赶紧走过去向乘客说，"您投诉我吧，如果我的乘务员做得不对，那是我带得不好。请您投诉我。"

乘务长作为班组的领导者，身先士卒，敢于承担责任的做法，给乘务员树立了良好的榜样。其他乘务员跟着乘务长一起，勇敢面对，一直坚持到向最后一个乘客做出诚恳的解释。乘务长带领着团队成员共同经历了这次风波，让团队成员学会了承担责任，也让每一个人变得更加强大。

充分沟通，给员工传递力量

建设传递正能量的团队，离不开公司管理层的支持。管理层愿意并且随时准备倾听员工的声音是团队建设的重要举措。访谈过程中，一位从其他航空公司跳槽到香港航空的乘务长表示，公司管理层愿意倾听员工的声音是非常重要的。这是香港航空不一样的地方，也是大家在工作中充满干劲的原因。

管理层如果发现服务中存在不足，或者接到乘客投诉，都会与中队长进行沟通，了解情况，试图分析清楚员工服务不到位的原因或者困难是什么，而且还与中队长商量讨论如何改进。大多数时间，管理层都会接受中队长的意见。

管理层积极了解员工在工作中的新动态，并鼓励大家说出自己的想法，让员工感受到被重视的感觉。管理层会与下属定期召开服务大会，请一线员工就服务中的问题畅所欲言，并鼓励大家建言献策，寻求员工认为改善服务的最优改革办法，并积极采纳。看到管理层采纳员工的意见，大家感受到公司是尊重员工的，也觉得为这样的公司付出是值得的。

考虑正式会议可能会让员工感到拘谨，有时候管理层会到一线服务岗位，或邀请员工去餐厅喝下午茶进行交流。一方面，管理层积极营造一个轻松的氛围，大家可以像朋友一样沟通交流；另一方面，也让员工感到了管理层的热情和真诚。

通过沟通也有助于消除员工的负面情绪。在服务业中，总会碰到一些不愉快的事情，很多时候可能是乘客无理取闹，也可能是意外情况，然而大多数情况都需要员工默默承受。所以，员工难免也会滋生负面情绪。如果员工的负面情绪不能得到及时的消除，不仅会影响自己，也会传染给身边的同事或朋友。在沟通中，上级领导和管理层要对员工表示理解，帮助员工化解负面情绪。

给员工传递希望，推崇正确的行动方式

公司管理层经常向员工分享公司愿景和发展情况，给员工传递希望。一方面，公司管理层要把公司的目标和长期计划与员工分享，为大家描述一幅公司的美丽愿景，促使大家充满激情地去为实现目标而奋斗，并且让员工深信，公司的成功离不开自己的努力。

另一方面，公司要把发展的势能传递给员工，让大家满怀希望。香港航空从无到有，一路走来，飞行机队越来越壮大，航线也越来越多，公司正处在激动人心的发展期。公司不仅要让全体员工分享发展的成果，更要让这股发展的势头感染全体员工。

树立榜样，通过榜样的作用，鼓励大家在工作中充满干劲，对公司充满希望，对自己充满梦想。就像 Shirley 说的那样，看着公司的发展，就像看着自己的儿子一天天长大，充满了希望。

Shirley 是香港航空乘务部的一名中队长。2016 年是她在香港航空工作的第十个年头。在访谈中她说，感觉这家公司真的很不同。从无到有，一点一点完善，一步

年轻的力量
香港航空服务创新之路

一步成长。就像看着自己的孩子一样,从他一拐一拐地走路,到现在他可以大步奔跑了。

Shirley 在香港航空倾注了自己的热情和努力,找到了自己的事业,与公司共同成长。她现在最大的梦想就是,希望自己的儿子快快成长,将来也能够加入香港航空,成为机长,驾着香港航空的飞机冲上云霄! (故事来源:乘务部中队长 -Shirley)

管理层要旗帜鲜明地褒奖公司提倡的行为,惩罚公司抵制的行为。为了把公司倡导的行为落实到工作中,必须要有一个明确的奖罚机制。对于履行公司所倡导的行为,应该做出奖励;对于坚持我行我素、不改正错误行为的员工,要做出有力的惩罚,甚至是辞退。

PART 3
第 3 部 分

锻造有活力的价值观

在航空服务一线,乘务员为乘客提供一次有活力的服务并不难,但是要求每一次在面对乘客时都能提供有活力的服务,把快乐传递给乘客,就变得非常困难了。如何让一线员工十年如一日,甚至几十年如一日地为乘客提供有活力的服务?

公司经营如同逆水行舟,不进则退。很显然,公司的发展离不开全体员工的拼搏奋斗,如何才能让全体员工长期保持拼搏奋斗的精神?

为了把公司品牌铭刻在乘客心中,除了几十年如一日地为乘客提供有活力的服务、保持全体员工拼搏奋斗的精神,公司还需要承担更多的社会责任,成为推动地区发展的建设者,而企业社会责任离不开员工的参与和支持。如何才能让员工对乘客、对社区、对社会敢于担当,承担责任?

快乐的力量来自快乐的员工。为了让员工具有快乐的力量，公司首先要选择热爱服务、具有耐心和爱心的人成为公司的一员；其次是营造快乐轻松的工作环境，包括组织各种兴趣活动，让员工快乐工作，快乐生活；最后，做好内部服务是保持员工快乐的重要措施。

奋斗的力量与香港精神息息相关。生长在狮子山下的香港人与生俱来就有拼搏奋斗的传统，激发员工传承香港精神，持续修炼专业服务精神，执着追求把更好的服务带上云霄。

担当的力量首先来源于公司对员工的担当，然后影响员工对乘客、对社区和对社会敢于担当。通过香港航空全体同仁不断为乘客、为社会做出贡献，香港航空将逐渐融入乘客心中，成为人们心中的典范。

第3部分围绕上述问题而展开，通过观察香港航空的服务实践和对员工的采访，我们发现要员工能够对乘客保持活力、传递快乐，在工作中保持拼搏奋斗精神，并勇于承担责任，需要员工树立起公司倡导的价值观，形成共同的信念，支撑起全体员工的行为。概括而言，这是快乐的力量、奋斗的力量和担当的力量综合作用的结果。

快乐的力量：
享受快乐，传递快乐 08

让顾客快乐的秘诀就是想办法让员工快乐起来。只有员工快乐了，顾客才会快乐。服务行业，每天接待众多顾客，工作繁重，如何让员工感受到服务的快乐？选择正确的人非常重要，只有充满爱心、具有耐心的人才会在服务中体会到快乐。

当然，为了保持员工快乐，公司需要相应的努力与投入。比如通过兴趣活动，丰富员工的业余生活；组织各种俱乐部，给员工一个温馨的港湾；做好内部服务，促进员工成长。这些都是保持员工快乐的有效措施。

1. 选对人很重要

帅气的飞行员，漂亮的乘务员，有竞争力的薪金，全球旅游的机会……从表面上看，航空业是多么光鲜亮丽的行业。但殊不知这份工作是非常辛苦的。

就拿乘务员来说，一上飞机就开始投入到各种工作之中，迎接乘客、安全知识介绍、送餐、为有特殊需要的乘客服务……除了在狭窄的机舱里来回走动以外，乘务员还要观言观色，发现乘客需要，主动提供服务。航线全年保持运行，逢年过节，乘务员可能还要在异地他乡。即使周末想陪家人一起吃饭，都并非易事。

目前各航空公司都面临航空业人才不足的问题。一方面，伴随航空公司的发展，对人才需求越来越多，而与此同时，航空业人才供给有限。另一方面，由于工作劳累，精神压力大，作息不稳定，近年来航空业人才流失率呈逐年升高趋势。[1]

---

[1] 任博，"民航空乘人才流失严重，缺口逐年扩大"，http://roll.sohu.com/20111116/n325781572.shtml。

年轻的力量
香港航空服务创新之路

培养和建立一个稳定的人才队伍是航空公司发展的基础。而如何才能做好人才队伍建设工作，从下面这位香港航空老员工的故事中，或许能得到启发。

十年时间过得一点也不容易，从2006年到2016年，在香港航空工作已经不知不觉十个年头了。

在这十年里，看着和经历着公司成长的点点滴滴，从中富航空更名为现在的香港航空，由CRJ❶发展到现在的A330❷客机，取得的成绩来之不易。

十年里，在香港航空工作的日子，有开心、伤心和难忘的记忆，但这些回忆，永藏在心里。还记得有一位前辈跟我说：没有一只钥匙可以打开所有的门，服务工作也是一样。这番话到现在，仍然让我深受启发。

每一次遇到不正常航班，我们机组成员都要一起面对，并努力战胜一切困难。我最难忘的一次不正常航班便是上海飞香港的航班。那天，关飞机门的时候已经收到延误通知，长时间在飞机上的等候招致了大量客人的不满。我同其他乘务员一起走到乘客中去，不停地向乘客解释，甚至有同事被乘客责骂哭了，抹干泪水继续面对乘客。尽管当天面临很大挑战，但是大家一起做好服务工作，只有一个理念，希望尽快把乘客安全地带到目的地。乘客内心的不安和焦急我们怎会不理解，但无奈的是因天气原因，航班最后还是被取消了。

还记得曾经有位同事值班当天生日，我们一组同事暗地里买了蛋糕替她庆祝，我那天故意说她工作中总是犯错。当飞机经停时，我与其他同事突然拿出蛋糕，替她庆祝，她才知道一切，令她在飞机上度过了一个难忘的生日。

在香港航空，我度过了十年难忘的时光，希望往后的十年，二十年……我们可以一起成长。（故事来源：中队长 -Shirley）

---

❶ CRJ 系列是由庞巴迪宇航集团提供的民用支线喷气飞机，包括50座的CRJ-100/200、70座的CRJ-700、90座的CRJ-900。庞巴迪也是目前唯一能提供40座到90座支线喷气飞机系列的公司。

❷ A330，是一款由欧洲空中客车公司所生产、高载客量的新一代电传操纵喷气式中长程双过道宽体客机。目前香港航空亦订购了A350飞机。A350是欧洲空中客车公司研制的双发远程宽体客机，是空中客车的新世代中大型中至超长程用广体客机系列。香港航空订购的A350将用来执飞香港—黄金海岸—凯恩斯—香港航线，每周计划2次航班。

08
快乐的力量：享受快乐，传递快乐

从上面的故事，可以看出故事中的主角对航空业、对香港航空充满了热爱。只有热爱才会抹干眼泪继续服务，只有热爱才会给同事制造惊喜，只有热爱才会十年不离不弃。

在香港航空有着这么一批老员工，十年了仍然坚守在不同岗位上。其中的原因很多，但毫无疑问的是，他们之所以忠诚于公司，是因为他们是公司选对了的人。就像管理学家、畅销书《基业长青》的作者吉姆·柯林斯所言，"合适的人选才是最重要的资产"。

因此，选择对的员工是良好的开始。谁是对的人？对航空业感兴趣、有爱心、有耐心，是香港航空选拔员工最基本的要求。对航空业感兴趣的人，会更加愿意接受空中服务的工作，不太容易对这项工作感到疲倦和厌烦。那些从小到大都渴望有双翅膀，梦想飞上蓝天的人，就是香港航空理想的选拔对象。

当然，航空业并不是单纯的运输业，而是航空运输服务业。既然是服务业，就要求员工具有爱心和耐心，这样才会用心做好服务工作。在此基础之上，香港航空才会进一步考察候选者的知识、能力或技能等其他方面。

当然，在招聘过程中也会有部分应试者才华横溢，但是却存在明显的性格缺陷。比如闷闷不乐、喜欢生气、傲慢专横、虚伪做作等。在工作中，这些人常常会影响整个团队的士气。除非是某个应试者具有出色的技术能力，离开了他，工作无

图 8-1 香港航空参展香港国际机场 2016 职业博览会
注：此次职业博览会上香港航空提供了近 1 000 个空缺职位，在活动现场，香港航空展位吸引了大批求职者前来咨询及面试，反应空前热烈。
图片来源：香港航空人力资源部。

法开展，才可以破例考虑。但对于一般人而言，则必须具备公司人才要求的核心能力。因为培养一个人的成本远远大于选对人的成本，更要命的是，一个人的负能量是很难通过训练消除的。

尽管成功应聘的应试者经过层层选拔，理论上说应该是符合岗位需要的，但事实上，根据经验统计，成功应聘的入职者中的正确率只有60%。相比于外部招聘而言，通过内部选拔的入职者中正确率可以提高到80%。

对于那些不是公司真正想找的入职者，该怎么办呢？通常来讲，人事部门的同事为了避免尴尬，常常掩盖问题的真相而听之任之。但是，掩盖问题往往会导致情况越来越糟。新入职的员工面对工作感到极度痛苦，也会影响到团队工作的开展。所以，在情况变得更糟之前，不如承认招聘失误，以一种能够照顾他人尊严的方式将不正确的新人解聘掉，然后重新开始去选对的人。

2. 快乐工作

无论是对公司，还是对个人，快乐工作都是十分有益的。快乐工作有利于员工身心健康、振作精神、提高效率。快乐工作的员工才会把快乐传递给顾客。既然快乐如此重要，管理者就有责任让工作场所充满乐趣。

比如，如果公司取得了里程碑式的突破，如果员工取得了成功，那就举行一个庆祝仪式；在工作中鼓励员工展现出坦率的一面，拒绝办公室政治；管理者带头拒绝官僚主义，提倡民主平等；在办公室之外，与下属聚一聚，喝杯咖啡；让员工在不同的兴趣小组中收获快乐……只有在工作中找到快乐，才能在服务中为乘客带来真正的快乐。

为此，香港航空的同事们组织了许多兴趣活动小组，包括咏春拳、排球、足球、篮球、羽毛球、登山、划船、自行车、插花、钢琴、书法……对于这些各式各样的兴趣活动小组，公司通通大力支持。香港航空不懈努力为员工营造出快乐的工作环境，公司也因此被评为"2016年香港最佳工作场所大奖"。

在香港航空众多兴趣活动小组中，香港航空的女排已是小有名气。空姐还会打排球？颜值高、腿超长、笑容甜，是香港航空女排球队给人留下的第一印象。从外

图8-2 香港航空被评为"2016香港最佳工作场所大奖"
注：香港航空人力资源及行政总监邱志威先生（左一）代表公司接过奖励。
图片来源：香港航空人力资源部。

表上看，除了装备精致又专业之外，似乎与"排球"二字绝缘。可是千万别小瞧这些看似温柔又甜美的空姐，在"2016港航挑战杯"上，她们曾逼平由中国、德国、荷兰、美国四国国家队的精英（德、荷、美都派出了队长参赛）组成的联队。因此，香港排球界都这样评价这只空姐排球队：集美貌与大长腿于一身，融微笑必杀与凌厉球技于无形。只要手指一碰到排球，换上比赛服，戴上护膝，这群空姐立马浑身充盈着一股洪荒之力，变身成为叱咤赛场的"小朱婷""小惠若琪""小龚翔宇"……，跳跃、拦网、扣杀、飞扑接球……各种高难度动作，丝毫不含糊，完全不是人们印象中蓝天上的微笑天使。

更让这些女排队员兴奋的是，她们还得到了与中国女排主教练郎平近距离对话的机会。2016年奥运会结束以后，中国里约奥运精英代表团旋风访港，整个港岛上下，无论明星还是路人，全部变成了中国女排的粉丝。

2016年8月28日晚，中国女排就在下榻酒店迎来了一批特别的追星族——紫色的制服、灿烂的笑容、优雅的仪态、超高的颜值，是港姐吗？不，她们是一群空姐，而且不是普通的空姐，她们都来自香港航空女子排球队，是一群会打排球的空姐。在这些香港航空姑娘的心中，中国女排队员是她们迷恋的不二偶像。不仅因为球技，更因为历久弥新、岁月淬炼的女排精神。

在与女排的会面中，大家更是惊喜地得到了郎平教练的会见。队员Katherine直到走出郎教练的房间都还难以抑制住自己的激动之情。"实在是太兴奋啦！"她激动

图 8-3　香港航空女排参加"香港航空女排挑战赛"
图片来源：香港航空服务部。

图 8-4　香港航空女排队员与惠若琪、丁霞及朱婷合影留念
图片来源：香港航空品牌中心。

地说："不敢相信我还可以跟郎教练交谈和合照。她有一种十分强劲的气场，即使不说话也会让人感到敬畏。但是，当她跟大家聊天时，气氛就变得轻松，可能这是大家常说的大将之风。"

"呀！那是丁霞，她是很厉害的二传。呀！这是朱婷，她是超棒的主攻手。"刚走出郎教练房间，见到走廊外一大波女排冠军队的队员们，这些来自香港航空的女排队员们再次不淡定了。对于国家女排队每位队员的位置，她们都如数家珍，非常熟悉。虽然她们在球场上都是个顶个的霸气十足，但是在球场下却相当亲切，对于签名合影要求来者不拒。

有趣的是，当得知这些靓丽的粉丝是空姐排球队员时，国家女排主力球员丁霞一脸意外："这么漂亮的空姐，都是打排球的？"香港航空的女排队员见到了自己心中的偶像，自然也要多多请教球技了。当问到丁霞在球场上有什么必胜绝招时，她谦虚地回答："我是个二传，没有什么绝招，只是每场比赛全力以赴。"

在交谈中，还有国家女排的队员特别感兴趣地问道，"空姐个个都是空中飞人，哪里有时间训练呢？"香港航空服务总监简浩贤特别介绍，空乘每个月的飞行时间大概是50到60个小时，所以休息时间相对充分。只是由于空乘的工作时间大都不一致，所以训练时间不是特别好协调。为此，港航把组织工作交给不同的兴趣小组自己来安排，公司赞助训练费用。以排球队为例，目前一共有男女排球队员共70人，一个月大概有2次训练时间。

图8-5　香港航空女子排球队在训练日与前女排国家队员孙玥（中间）合影
图片来源：香港航空服务部。

从香港航空女排姑娘快乐的笑容里，不难看到在这里工作是轻松愉快的。大家根据各自的兴趣踊跃参加各种体育活动，既锻炼了身体，享受了运动的快乐，也锻炼了拼搏精神和团队合作精神。

图8-6　香港航空妈妈会
图片来源：香港航空服务部。

时光飞逝，同事也与公司一起成长。过去十年，同事们逐渐成家立室、生儿育女，为了让友情延续至下一代，香港航空的同事们组织成立了"香港航空妈妈会"，定期举办家庭聚会，分享育儿心得，此活动受到了许多乘务员的欢迎！❶

除此之外，香港航空的乘务员还组成了"香港航空义工队"，积极参与各种慈善

---

❶　感谢香港航空高级乘务长兼乘务员关系经理冯丽仪（Terence）提供图片资料。

年轻的力量
香港航空服务创新之路

图 8-7 香港航空义工队参与 2015 年明爱筹款卖物会
图片来源：香港航空服务部。

活动，帮助有需要的人，回馈社会。比如，大家参加了海洋公园保育基金的卖旗筹款，虽然烈日当头，空姐空少们忙得汗流浃背，但他们的热情丝毫不减、努力向游客募捐。另外，很多同事还热衷于参加一年一度的明爱筹款卖物会，义工们努力售卖各式航空公司纪念品，将善款送给有需要的人，意义重大。

通过参与慈善义卖活动，广大员工在活动中体会到了人与人之间的关爱，而且还把爱心传递给了需要帮助的人，对于员工服务起到了潜移默化的影响。下面便是一位员工参加义卖活动后的感受。

大学毕业后，我加入了香港航空，并成为义工队成员之一。每一次参加义工活动，都能够跟各位同事或受访者惬意地度过快乐而有意义的一天。大家一起传播爱心，温暖每一个受访者的心灵，努力为慈善活动贡献一份绵薄之力。

还记得在一次义工探访活动中，有一名独居的婆婆行动不便，我们为她带去福袋，陪她谈天说地，最后她给我们一个灿烂而真挚的笑容作回礼。婆婆的笑脸至今仍然印刻在我的记忆里，更让我深深体味到"施比受更有福"的意蕴。

公司不断扩展，也不忘跟社会上不同的慈善机构保持紧密的联系。我曾经参与过明爱的慈善卖物会、乐善堂的探访活动、香港海洋公园保育基金的卖旗筹款等。

08

快乐的力量：享受快乐，传递快乐

参与义工活动让我深切地感受到人与人之间的爱，为我的生活增添了色彩。在活动过程中，把互不相识的人聚在一起，也是一种缘分。我庆幸自己成为义工队的成员，为社会有需要的人付出无私的爱，展现人间真情。（故事来源：乘务员-Fion）

3. 快乐生活

在香港航空工作的时光里，大家所追求的不只是快乐的工作，更是享受快乐的人生。工作时全心全意去服务乘客，下班后也是全情投入去享受生活。❶

乘务员的工作模式有别于朝九晚五的工作，而且每次航班会与不同的同事合作，到了外地人生路不熟，同事之间时刻互相照顾互相帮忙，因此团队渐渐地建立起了强烈的合作精神。有些同事志趣相投，一起飞了一个航班之后更成为好朋友，经常相约下午茶，甚至组成乘务员旅行团，每半年便一起相约旅游，此种友情实在难得。

随着公司的迅速发展，员工数目日增，如何能将快乐的工作气氛继续维持下去，让每位同事都能感受得到，并去感染其他新同事呢？多多聚会当然是一个不错的办法。乘务员自发组织在工作之余抽空聚聚，分享经验趣谈，而且乘务员团队经常举办各种康乐活动，让同事根据他们的兴趣自由参加。在2016年短短的六个月时间里就已经举办了超过70项活动，其中包括兴趣班、慈善活动、座谈会、运动比赛

图 8-8 **乘务员的快乐生活**
注：左图为同事成了好友经常相约下午茶；右图为乘务员自组旅行团每半年便去旅游，现正在布拉格。
图片来源：香港航空服务部。

---

❶ 感谢香港航空高级乘务长兼乘务员关系经理冯丽仪（Terence）提供图片资料。

图8-9 香港航空乘务员自发组织的各种活动
注：左上图为乘务员亲手制作的奶黄月饼；右上图为乘务员制作的卡通造型的点心；左下图为插花艺术班；右下图为乘务员为自己做的独特的行李牌。
图片来源：香港航空服务部。

等各种活动。

每月举办的兴趣班，主题都是由乘务员自行决定和安排，例如过去就曾经举办过咖啡拉花班、品酒班、插花艺术班等等。还会因应不同时节制作应节气食品，如圣诞节烤曲奇、中秋节做奶黄月饼。这些活动很受同事欢迎。

4. 快乐成长的员工文化

有活力的服务是香港航空的核心价值和竞争优势。为了保持公司的竞争优势，公司必须想尽一切办法让员工能够快乐工作。为此，香港航空通过策划内部服务提升计划以提高内部服务水平，从而给内部顾客提供称心如意的服务。内部顾客是指每一位公司员工，尤其是一线员工，比如机师、乘务员、地勤人员等。当内部顾客得到了满意的服务才会快乐，才可能把快乐传递给外部顾客。

为此，香港航空人力资源部策划实施了 FLY 内部服务提升计划。FLY 是一个综合方案，包括针对管理层的轮岗锻炼（Familiarization）、针对内部服务人员的服务技能学习（Learning）和全员参与的"我为你点赞"活动（You Serve I Like!）。通过 FLY 内部服务提升计划，管理层增进了对一线员工的理解，提高了管理能力；内部服务人员的工作技能得到了明显提升；全体员工彼此称赞，形成了快乐的工作氛围。

轮岗锻炼，提升干部管理能力

轮岗锻炼是为管理层提供的服务流程体验，包括在售票处、值机柜台、登机闸口和企业传讯部实习，让管理层员工走出办公室，去理解每一个客户服务点的运作和服务要求。设计轮岗锻炼，不仅增进了管理干部与一线员工之间的彼此理解，也有助于提升干部的管理能力。

香港航空人力资源部邀请所有经理及以上的同事参与轮岗锻炼，每个月组织两次，每次安排一个小组，一个小组大概五个人（如果人太多的话，可能对一线工作造成影响），轮岗时间为两天。

在正式轮岗之前，这些经理会接受半天的岗前培训，介绍将要去锻炼的岗位、如何履行岗位职责和注意事项等。当然，为了预防不能完全解决乘客疑难问题的情况，每个轮岗小组都包括一位经验丰富的员工，当出现比较复杂的问题时，可以帮助乘客及时解决问题。同时，还要培训这些经理对一线服务的观察技巧。如果事前没有一个统一性的框架，可能就会出现每个经理对一线服务观察的角度千差万别，对服务关注的重点各不相同。所以，在轮岗锻炼之前进行岗前培训是非常必要的。

轮岗期间，每个经理都要在六个不同的服务岗位锻炼，包括自动行李托运、贵宾室工作、呼叫中心、顾客投诉中心、票务中心、机舱服务。通过轮岗锻炼，管理者了解到一线同事的困难，然后再从后勤部门的角度去思考怎么才能帮助他们解决问题，让一线的员工更好地去做服务。

除了内部轮岗锻炼以外，人力资源部也邀请经理级别以上的管理干部去其他优秀企业参观交流。2016 年 8 月，人力资源部安排了 20 位经理级的同事去佳能公司的顾客服务中心参观，由佳能公司的相关负责人为香港航空的访问经理介绍佳能的服务流程。未来，香港航空的人力资源部还将组织更多类似的交流活动，以提升干部的管理能力。

提升内部服务技能

为了提高内部服务技能，公司为从事内部服务的同事（乘务员、地勤人员不在其列）提供了服务技能提升课程。该课程在网络授课平台进行，课程时间为两个半小时，包括三个部分：第一部门是理论学习，主要介绍公司的服务精神；第二部分是服务情景案例学习；第三部分是结业考试。

值得一提的是服务情景案例学习，通过对比播放同一主题两个视频，让学员去理解什么才是更好的服务技能。以招聘情景为例，首先播放第一段视频，视频中 HR 的同事向用人部门的经理报告招聘进展："经理，我们已经把招聘广告打出来了，上周收到了一些简历，但是从收到简历的情况看，求职者反应不是很好，这周我们会继续留意新投来的简历情况。"

然后播放第二段视频，视频中 HR 的同事是这样报告招聘进展的："经理，之前说的招聘，我们在两个星期前已经发布了，反应暂时还是一般，但是我会通过其他的招聘渠道继续发布招聘广告。同时，我看过你们部门招聘的内容，你们计划招聘一个主任，但我们对比了其他公司类似的招聘广告，我们想建议您用副经理职位去招聘，可能更容易吸引人才一些，你看这么做可行吗？"

对比两个视频，第一段视频中负责招聘的同事虽然没有什么明显的错误，但他的服务仅停留在对现状的报告。而第二段视频中负责招聘的同事明显体现出了更高的服务水平。不仅仅是报告招聘现状，而且能够根据现在的情况提出改进的建议，把服务更进了一步，其服务不仅有助于提升工作绩效，也有助于提高内部服务水平。

全方位的人才成长体系

企业的发展建立在员工成长的基础之上。一切为了员工、一切尊重员工、一切依靠员工，努力开发员工的潜能，激发员工的积极性、主动性和创造性，提升员工素质，实现员工的全面发展，从而实现以人的发展带动企业发展，以企业发展促进人的发展，打造具有竞争力的企业。为此，香港航空极力创造全方位的人才成长体系，帮助员工获得持续的成长。

对于公司高层，香港航空每年会与全球知名学府合作，为公司高层提供高端管理培训项目。比如，与香港科技大学合作，举行为期五天的 EMBA 管理培训，公司副总经理以上的同事利用周末时间参加培训。

对于公司中层，香港航空设计了一个新晋升经理项目。通过该项目，新晋升的主管和经理可以去香港公开大学选修各种课程，而且这些课程均有学分，修满一定学分，可以获得香港公开大学颁发的学位证书。

对于基层员工，香港航空为大家提供了丰富的技能性提升课程。比如语言类、计算机类、财务类课程等。公司也会与一些机构合作，比如国际航空运输协会，让基层员工去参加一些航空标准、航空技术类型的培训。

在公司快速发展的轨道上，不仅需要招募和培养一批具有良好服务精神，掌握优秀服务技能的员工，还要储备未来的公司管理层干部和工程师队伍。为建立未来的人才梯队，香港航空培养了一批管理培训生和工程师学员。

管理培训生需要经历 2—3 年的培养，他们将在各个部门和岗位轮岗，熟悉工作环境、各部门的工作内容，了解部门之间的关系等。整个培训期完成以后，再视管理培训生的情况而定，分配到具体的工作岗位中。通过管理培训生项目，这些优秀的大学毕业生们获得了快速成长，进入公司未来的管理人才梯队。

对于热衷于工程方面的大学毕业生，香港航空设计了工程师培训项目，整个培训项目持续五年时间。在工程师培训项目中，学员们不仅能够学习各种工程知识和技能，还需要考取一些证书，获得工程师牌照。当整个项目结束以后，年轻的大学生们将蜕变为一个合格的工程师，也将具备代表公司签署各种文书的资质。

通过营造快乐的工作环境，不断提高内部服务水平，带领全体员工持续成长，香港航空逐渐形成了快乐成长的文化。在这里，大家可以怀抱共同的梦想，飞上云霄。

09 奋斗的力量：
修炼自我，传承精神

激发员工奋斗的力量，既有外因，也有内因，但归根结底是内因起根本性作用。香港市场成熟，竞争激烈，并且全球最严格的飞行安全标准就在香港。面对挑战，唯有拼搏奋斗才有出路。

香港航空作为一家扎根香港的航空公司，血液里流淌着狮子山下的奋斗精神。香港航空奋斗的力量，就是来自这股奋斗精神的传承与发扬。

1. 全球最严格的飞行安全标准在香港

香港飞行安全标准在业内素以严格而著称。因为香港民航处的使命是奠定香港作为国际及区域顶尖航空中心的地位，因此香港民航处对飞行安全进行非常严格的监管，此举也让香港拥有全世界最严格的飞行安全标准。

香港航空作为获得牌照及飞行安全标准认可的香港本地航空公司，一直把飞行安全放在首位，完全执行行业和香港民航处及所飞国家或地域的要求。同时，香港航空在公司内部建立起了一套飞行安全评价体系，这套体系包含飞行员、工程师、飞机和运营管理等多个方面。通过外在监管和内在修炼，香港航空竭尽全力为乘客提供安全、安心的航空服务。

飞行员：专业过硬，训练有素

香港航空按照香港民航处飞行安全规定严格选拔飞行员。香港航空的飞行员不仅要具备过硬的航空理论知识和技能，良好的健康水平、极强的安全意识和态度，同时还要具备丰富的飞行经验。

香港航空的机队都要经过严格的检测，只有确保达到适航状态才能起飞。即使在空中因为其他原因导致飞机出现极小概率的故障，训练有素的香港航空飞行员也能临危不惧，安全送达旅客。

在飞往台湾桃园机场的香港航空 A330-200 下降即将着地时，突然右边引擎失灵，停止工作。现场的一群航空发烧友们用视频记录下来这一幕。从飞机盘旋转弯的视频中可以看到，只有左边引擎排出白色气体，而右边引擎没有留下任何痕迹。

视频中传来飞行员和指挥塔对话的声音，飞行员将机械故障及时报告塔台，塔台指挥做好地面营救工作。在整个处理过程中飞行员表现得非常专业，而且声音听起来仍然十分冷静。地面已见消防车呼啸而过，驶向停机坪。在接到塔台指令后，已经为 A330-200 准备好降落跑道，拍摄视频的网友们心已经提到了嗓子眼。此时，只见飞机在空中又一个大转弯，降低高度，调整角度，逐渐俯冲下来迫近地面，最后，飞机准确地降落在跑道上继续滑行，并到达指定停机坪。

塔台和飞行员长长地舒了口气，飞机终于安全降落。航空发烧友在视频中纷纷点赞，"机长非常专业""干得漂亮"……而乘客们并不知道刚才所发生的一切。

正是有着一批专业过硬、训练有素的飞行员，在他们的保驾护航下，香港航空自成立以来，从未出现过一次飞行安全事故。

工程师：一丝不苟，确保飞机安全

一架飞机乘坐上百位，甚至几百位乘客，飞机工程师要确保飞机达到适飞条件，责任重大。因此，从进入香港航空的第一天起，飞机工程师就要接受严苛的培训，不仅要训练专业技能，还要训练一丝不苟的工作态度。

每次飞机起飞前，香港航空的工程师们都要对飞机进行全面的安全检查，从飞机引擎到每一个螺丝，都不敢掉以轻心。只有在达到百分之百安全的情况下，香港航空的工程师才会批准飞机起飞。在飞机降落后进行维修时，香港航空的工程师要在第一时间找出问题所在，维修好飞机，彻底排除故障。有时为了保证飞

图 9-1 香港航空的工程师正在全神贯注地检查飞机

图片来源：香港航空招聘广告"飞行的意义——飞机工程师篇"的视频截图。

机准时起飞，甚至还要与时间赛跑，又快又好地把飞机维修好。香港航空的工程师们要跟随航线所到之地，驻扎在世界各地的机场，保障香港航空的飞机能够安全返航。

飞机：全世界最年轻的飞行机队

香港航空的飞机全部采用空中客车机队，这些飞机均采用新型设计并配备高效

图 9-2 蓄势待发的香港航空机队

图片来源：香港航空品牌中心。

能引擎，可有效减少噪音及燃油耗损。同时，香港航空也是世界上拥有最年轻的空中机队的航空公司之一。截止到 2016 年，香港航空平均机龄只有约 3.5 年。年轻的机队配备先进的设施，带给乘客更好的飞行体验。

香港航空目前共有 32 架飞机，包括 7 架空中巴士 A330-300 型客机，9 架空中巴士 A330-200 型客机和 11 架空中巴士 A320 型客机，以及 5 架空中巴士 A330-200F 货机。

香港航空的飞机具有十分发达的智能系统，例如控制系统、电力系统、电压系统等，而且这样的系统通常都会设有两个以上的后备设置。先进的系统，双重的保障措施，为乘客提供安全可靠的保障。

运营管理：国际化标准与人性化管理相结合

香港航空按照国际化标准进行企业运作与管理。经过近十年的努力，2014 年 12 月，香港航空各项管理职能均通过 ISO9001:2008 质量管理体系国际认证。香港航空严格以 ISO9001 国际标准质量管理体系为管理标准，建立并执行公司整体和相关部门的质量目标、客户反馈、持续改进和内部审查等一系列管理机制，系统化地提高了公司的整体管理质量。香港航空通过 ISO9001 质量管理体系国际认证标志着公司的管理水平和管理规范达到国际水平。

虽然香港航空的管理质量和管理效能已达到国际标准，但是在执行这些标准的过程中还坚持以人为本的管理理念与管理方法。航空公司的管理固然要有统一的标准和要求，但是在管理过程中也要注意灵活性，其本质还在于对人的关怀。香港航空自觉认识到，只有充分发挥人的积极性，才能更完美地把事情做好，其结果往往会超出国际标准的要求。

因此，香港航空本着"很年轻，好香港"的企业理念，鼓励所有同仁，并给予其职业晋升通道和事业发展平台，凝聚人心，为了更好的乘客体验而不断实现自我超越，并最终形成了香港航空奋发有为的力量，这股力量支撑着香港航空越飞越远。

正是因为香港航空把国际标准与以人为本相结合，实现了管理科学与管理艺术

年轻的力量
香港航空服务创新之路

图 9-3　香港航空获得 Skytrax 各项殊荣

注：右图为 2014 年香港航空时任副总裁孙剑锋先生（左二）及香港航空服务总监简浩贤先生（右二）代表公司赴伦敦领取 Skytrax"全球最杰出进步航空公司"奖项；左下图为 2015 年香港航空董事长张逵先生（左一）于法国巴黎航空展举行的 Skytrax 颁奖典礼上领取"四星级"奖章；右下图为 2016 年香港航空服务总监简浩贤先生（中间）在英国伦敦领取 Skytrax 颁发的"四星级"奖章。

图片来源：香港航空服务部。

的良好结合，刚柔并济，使得香港航空的管理既规范，又不失活力。香港航空连续多年所获得的成绩也充分证明了香港航空掌握了一套行之有效的管理方法，取得了卓越的管理效能。

香港航空从 2011 年至 2016 年，连续五次被 Skytrax ❶ 评为四星级航空公司。这标志着香港航空地面及机舱内的各项服务都达到了国际级水平。

2014 年香港航空被 Skytrax 评为"全球最杰出进步航空公司" ❷。该奖励充分肯定了香港航空公司在过去一年之中在产品和服务标准方面取得的显著进步。

---

❶　Skytrax 为全球最具公信力和独立性的航空运输研究认证机构，自 1999 年起举办具有高度权威性的全球航空公司顾客意见调查，调查选取乘客对航空公司的登机手续体验、机上座位舒适度、机舱整洁度、食物、饮品、机上娱乐系统、乘务员服务等 41 项产品和服务的主要表现。Skytrax 每年举办享誉全球航空业的"全球航空公司大奖"（The World Airlines Awards）。

❷　"全球最杰出进步航空公司"奖项旨在表彰在 Skytrax 年度评选中进步最显著的航空公司，见证过去一年航空公司前线产品及服务标准方面的杰出进步。

2015 年香港航空首度入选"全球最佳区域航空公司"十强。在典礼上，Skytrax 主席 Edward Plaisted 赞扬了香港航空持续的高速发展及服务提升，他表示香港航空的服务优质且突出，在很多方面服务均贴近五星级航空公司的水平。

2016 年香港航空再下一城，被 Skytrax 评为"亚洲最佳区域航空公司"第三名，更在全球航空公司中排名第二十九位。Skytrax 主席 Edward Plaisted 在典礼上赞扬香港航空持续提供优质的机上服务，服务水平媲美国际区域航空公司。

2. 传承香港精神

我在香港出生，在香港长大，接受香港传统的九年义务教育。听着四大天王、陈慧琳、谢霆锋的歌声成长；游走于张小娴、郑梓灵的小说。我是一个平凡的、土生土长的香港人。一个平凡的小市民，从来没有想过自己对香港感受那么深，直至大学毕业后加入了香港航空，开始了我的飞行生活，我才更加感受到狮子山下的专业精神那可贵的地方。

相信飞上云霄是不少人的梦想，大家会憧憬多姿多彩、光鲜的飞行生活，可以出国去游玩，见识自己不曾见过的世界。当然，这对于我同样如此。所以，即使过了五年多的时间，我在第一个航班中工作的兴奋与激动，仍记忆犹新。然而，当中也会有内心受到冲击的时候。因为工作的关系，身为空中服务员的我们有可能一个月也没有一次跟家人同桌吃饭的机会；普天同庆的节假日也有可能要独自在外站度过；这些想家、想香港的感觉，相信身为航空业的人都会有所感受。

而对于我来说，感受最深的是最近的"迷你仓大火事件"❶。还记得事发那一天的画面，我跟同事们在外站的酒店内，从不同的渠道得知了这起事故的消息，平常低着头滑手机玩游戏的大家，心情都沉重起来，大家不是在更新 Instagram, Facebook，不是在自拍，而是随时都在留意事情的进展。终于到了前往香港的回程航班，当中也有很多香港人，那一天大家踏上飞机后不是找毛毯、找饮料，而是想

---

❶ 2016 年 6 月 21 日 11 时许，位于香港九龙一栋工业大厦内发生火灾，这场大火共燃烧 108 个小时，导致 2 名消防员殉职，另有 12 名消防员受伤。

年轻的力量
香港航空服务创新之路

拿到最新的香港报纸，关注事情的进展。从后舱远望，整个机舱都是举着报纸看的乘客。那一刻我感受到的是互助互爱的香港精神。

我心目中的香港一直都是温暖、坚持、热情、美丽的化身。在香港这个地方到处是我成长、友谊、爱情、工作及生活的精彩经历。现在，身在服务行业前线工作的我，会用自己的专业精神感染其他人，希望身为香港航空乘务长的我可以令世界各地的乘客感受到香港航空"很年轻、好香港"的精神。❶（故事来源：乘务长-Cindy）

香港精神是香港航空不可或缺的精神

香港从一个小渔村发展成为一个国际化的大都市，伴随社会经济发展的同时，也孕育出了香港精神。香港精神是老一代香港人白手起家、艰苦奋斗、走出人生困境的奋斗精神。

从 20 世纪 50 年代起，香港走上制造业发展道路，在成衣制造、玩具、塑料工业、电子等行业取得迅猛发展。❷ 20 世纪 70 年代香港成为"亚洲四小龙"之一，昔日的香港发生了翻天覆地的变化。这股推动香港快速发展的力量，被提炼为香港精神。香港精神已经成为香港宝贵的精神财富，激励着一代又一代香港人去奋斗、拼搏。

如今，香港航空就是要继承和发扬香港精神，创造属于自己的辉煌。回望十年创业路，从一架租来的直升飞机起家，艰苦奋斗，历经千难万险，发展到现在 27 架客机，5 架货机，航线覆盖亚太地区 30 多个国家和城市。成绩来之不易，这一切都是奋斗的结果。

第一个奋斗转折点是 2006 年成功申请牌照，引入首架波音 B737 客机，推出香港至海口客运航线（香港航空第一条往来香港与内地之间的航线）。

第二个奋斗转折点是开拓更多区域航线，奠定良好的运营基础。从 2007 年之后，香港航空进入发展的快车道，逐年引入新飞机，大力开拓与内地城市及亚太地

---

❶ 感谢钟婉雯（Cindy）提供材料，原文发表在《香港大公报》。
❷ 颜鹏森，"香港工业的发展、问题和出路"，《上海大学学报（社会科学版）》，1990 年第 4 期，第 58-62 页。

区城市的新航线。

第三个奋斗转折点是谋求大航空战略，发力洲际市场。2016年香港航空着手引入空中巴士A350，同时香港到澳大利亚的航线投入运营，标志着香港航空力争踏上新的台阶，开启远程航线的大航空战略。

狮子山下的香港航空人

提及香港精神，不能不提的就是狮子山。狮子山坐落于香港九龙塘及新界沙田的大围之间，该山因外形貌似一头俯卧在地上西望的雄狮而被取名为狮子山。20世纪40年代大批难民逃到狮子山下，在此定居谋生，白手起家。狮子山每天守望着山脚下这群不屈不挠、艰苦创业的人们。斗转星移，狮子山如今已物化成为香港精神的象征。

1986年发行的，由黄霑作词、顾嘉辉作曲、罗文演唱的歌曲《狮子山下》道尽了狮子山下所有的秘密。"人生中有欢喜，难免亦常有泪，我哋❶大家，在狮子山下相遇上，总算是欢笑多于唏嘘。人生不免崎岖，难以绝无挂虑……同舟人，世相随，无畏更无惧，同处海角天边，携手踏平崎岖……"

狮子山下每天都在上演出身草根、不屈不挠、逆境自强的故事。著名导演吴宇森就曾在狮子山下的美荷楼❷留下成长的印记："在这里，我曾经跟流氓地痞打架，流着血回家……父亲平和如昔地教导做人要有风骨，有承担，对人心存有爱，不能有恨……在这里，我曾经送过外卖，送米上七楼，做过临时演员，在楼梯底下卖提子干，我竟然饿得吃了一大半。……很多的生活磨炼，让我透彻感受人间悲喜、左邻右舍的温暖和浓浓的人情味。"❸

苦难是磨炼，更是修炼。香港航空的发展历程中遇到过不少困难，但是正是这

---

❶ 方言，用于人称代词后，相当于"们"。"我哋"即"我们"的意思。
❷ 美荷楼，全称石硖尾邨美荷楼，是1954—1963年间兴建的第一批公屋，现在被评为一级历史建筑，2008年进入香港首批"活化历史建筑伙伴计划"项目，其中一部分楼层改造成为美荷楼生活馆。
❸ 周南，"3-13 香港：美荷楼的香港精神"，载于《佛光山的星巴克——〈道德经〉的启示》，北京大学出版社，2015年。

些困难让香港航空变得更加强大。

回想在成立初期，香港航空规模小，飞行机队少，不被社会各界重视。在获取机场资源方面也是处处陷于被动。那时香港航空的机队，起飞和降落都离候机厅很远，乘客登机或下机都需要通过摆渡车中转。相比之下，其他大型航空公司的乘客则可以非常轻松地通过廊桥直接登机或下机。香港航空因为没有廊桥资源，大大降低了乘客的乘机体验。

再回望香港航空陷入推机车合约停摆导致航班大面积延误风波时乘客们的抱怨和责骂，高管和乘务员长达十几个小时在飞机上安抚、服务乘客；恳请其他推机车公司临时帮忙……深陷困境却不怨天尤人，自强不息终于扭转局面。

十年奋斗之路，香港航空克服了一个又一个困难。香港航空人顽强不屈、逆境奋斗，每逢遇到困难，总能努力克服，登上更高的台阶。

3. 突显香港特色

香港特色的餐食

民以食为天！充满香港情怀的香港航空，自然要在吃这方面大做文章。其中，在香港航空贵宾室"紫荆堂"重磅推出的香港传统小吃鸡蛋仔，可谓开了历史先

图 9-4　香港航空"紫荆堂"重磅推出的香港传统小吃
注：左图为香港航空"紫荆堂"推出的香港小吃鸡蛋仔；右图为著名香港歌手谢安琪身着香港航空乘务长制服，向宾客推荐鸡蛋仔。
图片来源：香港航空官网。

奋斗的力量：修炼自我，传承精神

河。意料之外的是，在高大上的贵宾室推出香港街边小吃，却赢得了乘客们的喜爱。想必当客人坐在紫荆堂，品味着松软的鸡蛋仔时，吃到的是甜甜的味道，想到的是满满的幸福。

如果以为紫荆堂只有鸡蛋仔一种特色餐食的话，那就大错特错了。紫荆堂几乎为乘客打造了一个港式茶餐厅，无论乘客何时去，都能品尝到最地道、最香港的味道。早餐有港式点心、炒面、萝卜糕、白粥和炒鸡蛋；午餐则有两个主食供乘客选择，还为有特殊需要的乘客增设了素食；下午茶是以甜点为主的小食，如蛋糕、鲜果塔、豆花等；晚餐则奉上好吃有料的车仔面和云吞面。所以任何时刻抵达"紫荆堂"，乘客都能吃到原汁原味的港式味道。

图9-5　香港航空"紫荆堂"推出多种具有港式风味的餐食
图片来源：香港航空新浪官方微博。

图9-6　香港航空商务舱的餐食
图片来源：香港航空新浪官方微博。

除了在地面品尝到香港味道，香港航空还把香港味道带上天空。在商务舱内，香港航空为乘客精心准备了中餐、西餐、素食等三种选择。中餐包括超人气餐食炒饭和炒面，西餐则是千层面。为了满足乘客特定的需求，商务舱还提供粥、牛角包、丹麦酥等多种餐食。重要的是，与正餐相配的还有纯正港式味道的山水豆腐花，香滑可口，空中美味依然不打折扣。

就算在经济舱，乘客也能充分感到香港风味。咖喱饭、牛肉粉、海鲜炒面，再配上港式甜点菠萝包、山水豆腐花，体验纯正港式料理的感觉。

虽然经济舱餐食看起来简单，但也都出自名厨之手。香港航空所有餐食都是聘请资深大厨亲手烹饪，所有大厨必须曾在当地知名的餐厅里工作过，而且所有餐食都是在飞机起飞前 48 小时内制作完成，经急速冷杀菌后，在飞机起飞前 24 小时装盘，由冷链送上飞机。严格把控食品安全与质量，确保乘客享用佳肴的同时，也能够保障健康。

除了在"吃"上面让乘客饱尝香港味道，香港航空还在文化体验上带给乘客更多的香港情怀，比如咏春拳、香港时尚元素等为乘客献上一场香港文化盛宴。

练咏春拳的空姐

体验过香港航空的乘客都知道，香港航空的空姐是温婉柔美的，但是他们可能不知道的是，香港航空的空姐还有柔中带刚的一面。香港航空对乘务员的训练都是

图 9-7　香港航空的乘务员学习咏春拳

图片来源：香港航空招聘广告截图。

全方位的。与其他航空公司相比，香港航空的乘务员，无论男女，入职培训都要学习咏春拳。

空姐学习咏春拳？不是开玩笑吧。乍一听，谁都觉得奇怪。但是，咏春拳确确实实是香港航空乘务员入职培训的基本科目。有人说因为香港航空的空姐特别漂亮，学习咏春拳，是为了更好地保护自己。甚至还有人居心叵测地说，香港航空教空姐打咏春拳，是专门用来对付乘客的。对此误解，香港航空曾经还费了很大的周折去向乘客解释。

其实，咏春拳训练的是乘务员的身体素质和心理素质。一方面，作为乘务员需要良好的身体平衡性和协调性，通过咏春拳的训练，可以锻炼乘务员的身体素质。另一方面，咏春拳的学习可以提高乘务员反应的灵敏性，让服务动作更加矫健灵活，对有需要的乘客做出快速回应。所以，香港航空的乘务员在入职训练的时候要学咏春拳，既是为了强身健体，更是为了更好地服务乘客。

此外，咏春拳发源于香港，是香港文化的构成元素，香港航空作为香港本地的航空公司，继承和发扬香港文化是其责任与使命。而且，香港航空的空姐和空少们大都是20岁出头的年轻人，学习咏春拳，无疑也是传承咏春文化的最好渠道。随着香港航空越飞越远，香港文化也被传播到了世界各地。

不一样的香港时尚

香港航空在设计机场贵宾室时，不是以奢华追求为目标，而是极尽所能地营造香港潮流与情怀。整体设计以轻松、简单、舒适的港式风格为主，让乘客能够放松身心，登机前在此小憩一下也是很好的享受。

为了商务乘客的特定需求，香港航空贵宾室还设置了两个私人会议室。会议室特意请来香港本地设计师 Phill Cheng 打造浓厚的香港情怀。为提高港人对贵宾室的亲切感及加强本地元素，贵宾室每季都会设计不同的主题装饰，而主题都是构成维多利亚港天际线的主角——香港建筑，并以香港新旧建筑照片作对比布置成照片墙，让乘客见证香港多年来的蜕变过程。

年轻的力量
香港航空服务创新之路

图 9-8　香港航空贵宾室
注：左图为香港航空贵宾室；右图为香港著名艺人曾志伟到访香港航空贵宾室里的私人会议室时，大赞充满香港本地特色的贵宾室极其舒适。
图片来源：香港航空服务部。

4. 立足香港、面向国际的拼搏文化

香港航空从成立之日起，就定位于立足香港、面向国际的航空公司。公司取名为香港航空，也能反映出这一点。这是因为与香港其他定位为国际化的航空公司相比，年轻的香港航空很难开出长距离（跨洲际）航线。相反，避开热衷于国际市场的竞争，立足本地，服务香港却是一个尚有机会的市场。所以，香港航空把公司使命设定为立足香港，服务香港，为香港的社会经济文化发展贡献自己的力量。

但是，香港航空作为航空业的一员，也需要面向国际化。除了香港是一座很国际化的城市以外，其他很多因素也决定了香港航空需要打造成为一家国际化的公司。比如，公司管理采取国际化标准；公司员工来自全世界 30 多个国家和地区；飞行机队使用的空中巴士飞机来自欧洲；已经开通的航点包括日本、泰国、越南、澳大利亚等亚太地区的各大城市。以上诸多因素推动香港航空成为一家国际化的公司。

知易而行难，如何才能把本地化和国际化融为一体？就是要"全球思考，地方着手，本土融入"❶。按照航空业全球发展的趋势与标准进行运作和管理；立足于

---

❶　周南，"2-14 承德：元朝一百年，清朝两百年"，载于《佛光山的星巴克——〈道德经〉的启示》，北京大学出版社，2015 年。

156

香港，寻找当地市场机会；引进国内外资源，融为一体。

全球思考：加入国际航协

国际航空运输协会（International Air Transport Association，简称"国际航协"）是一个由世界各国航空公司所组成的大型国际组织。其基本职能是：国际航空运输规则的统一、业务代理、空运企业间的财务结算、提供技术上的合作，参与机场活动、协调国际航空客货运价、从事航空法律工作、帮助发展中国家航空公司培训高级和专门人员。

香港航空放眼世界，成立不到五年时间就成功加入国际航协。加入国际航协，有助于提高香港航空的安全管理水平。根据国际航协规定，航空公司申请加入国际航协之前必须获得运行安全审计认证（IATA Operational Safety Audit，IOSA）。IOSA是国际航协制定的国际航空界最新和最权威的安全运行标准。2011年香港航空成功加入国际航协，标志着香港航空的安全管理已达到国际水平。

通过国际航协这个平台，香港航空加快了国际合作和开拓国际市场的发展进程。香港航空作为一家年轻的区域航空公司，面对航线资源有限与乘客需求长距离航班的矛盾，通过国际航协，与其他航空公司达成合作，通过共享代码航班策略，既满足了乘客需求，又不投入太多成本，完善了航线资源，也扩大了经营范围和市场份额。

地方着手：连接中国与世界的桥梁

香港所处的地理位置决定了香港航空是连接中国与世界的桥梁。基于这一现实，香港航空发展的机会就在于立足香港，建立区域航空网络。以此为指导思想，香港航空开始了从中国二、三线城市起步，建立区域性航空网络的市场开拓之路。

首先，从二、三线城市起步，逐步覆盖内地主要城市，是香港航空从地方着手的切实之举。在成立之初，香港航空的飞机资源、航线资源都极为有限，加上强大的竞争对手国泰航空和港龙航空长期占据热门航线，所以香港航空只能避开实力雄厚的竞争对手，从二、三线城市另辟蹊径。也得益于竞争对手对香港航空的不重视，香港航空赢得了发展的黄金时期。在过去十年中，香港航空陆续开通了北京、上海、天津、青岛、成都等多条内地航线，逐渐奠定了香港航空生存的基础。

其次，香港航空通过加密航线，巩固在内地的市场基础。比如，在华北地区香港航空通过加密北京、天津航线，不断深耕华北市场。香港至北京航线，从此前每日一班增至每日三班，分布在早中晚。北京作为中国最大的航空枢纽，是各大航空公司的必争之地，这一战略要地不可不争取。

香港至天津航线，也从此前的每日一班增至每日两班。一方面，因为北京首都国际机场是大热门，资源紧张，很难再进一步获得更多资源。另一方面，与北京相邻的天津滨海国际机场既是中国主要的航空货运中心，也是北方国际航运的核心区。随着香港与天津两地工商经贸与文化交流日渐频繁，旅客快速增加，针对这一市场机会，香港航空进一步加密香港到天津航班，巩固在天津的市场基础。

最后，发挥香港枢纽功能，建立区域航空网络。过去十年，香港航空在开通与内地城市航线的同时，也积极开拓东南亚、日本和澳大利亚航线。目前，香港航空已经拥有台北、曼谷、老挝、冲绳、黄金海岸、奥克兰等10多条区域航线。

通过内外结合，内地去东南亚、日本和澳大利亚旅游的游客，可以乘坐香港航空的航班到达香港，再从香港乘坐香港航空的航班飞抵日本、泰国、中国台湾、澳大利亚、新西兰等热门旅游地。通过香港航空的区域航空网络，乘客可以在香港快速中转，省却了另行提取行李的麻烦。因此，香港航空转运中转乘客的数量快速上升，已经占到了全体乘客数的38%，高出香港机场30%的平均水平。❶

---

❶ "香港航空建区域性航空网,专注中转旅客市场", http://news.163.com/air/15/1008/14/B5DMACSV00014P42.html。

本地融入：把香港航空品牌融入乘客心中

虽然全球思考、地方着手实现起来不容易，但相比之下，本地融入则挑战更大。简而言之，本地融入就是要让乘客一提到坐飞机，就立即想到香港航空。这要求香港航空首先要充分懂得乘客需求，策划活动打动乘客；引起乘客兴趣，让乘客进行对比；设计足够的卖点，令乘客做出购买决定；通过乘机体验，给乘客留下印记，下次选择航空公司时，可以毫不犹豫地选择香港航空。

为了实现本地融入，香港航空打出了一套练好内功、联结情感、担起责任的组合拳。香港航空苦练内功，提出全服务概念。服务不只是地勤和空乘为乘客服务，这是局部服务的概念；全服务则涉及飞行安全、高准点率、高水准的IT应用和乘客体验以及良好的地面和机舱内服务。总之，全服务是以带给乘客更好的体验为一切工作的指挥棒，从公司高层到一线员工，所有同仁均把做好服务列为第一要务，并落实到日常运行之中，不断改善乘客的乘机体验，满足乘客高品质的生活需求；通过兑现对乘客的服务承诺，建立与乘客之间的信任关系；通过细致入微的服务细节，让乘客愿意继续选择香港航空。

其次，香港航空在与乘客产生交集的环节，处处突出香港情怀，引发乘客情感共鸣。在用人方面，香港航空的员工大多数都来自香港本地，这些员工都能熟练应用英语、普通话和广东话，无论是香港乘客、内地乘客，还是外国乘客，都可以进行轻松无障碍的交流。在餐食方面，香港航空的菜单充满了浓浓的港式风味，牛角面包、港式奶茶、港式料理，还有鸡蛋仔等香港当地小吃。外地乘客登上香港航空的飞机，立刻就能感受到香港的味道；香港乘客登上香港航空的飞机，就有回家的感觉。在对外宣传方面，香港航空也是处处用心，充分体现香港文化。比如贵宾室里挂着一幅香港老照片，宣传片里诉说香港航空积极传承咏春拳，冠名播出香港热播剧等等。香港航空在与乘客产生联结的地方，从方方面面突出香港情怀，借此引发乘客情感共鸣，把香港航空融入乘客心中。

最后，香港航空将自己视为香港的一分子，为香港的社会经济发展主动付出。在人才培养方面，香港航空给予员工快速发展的职业晋升通道。鉴于本地航空业人才匮乏的问题，香港航空投资18亿修建香港航空培训中心，此举将为香港本地航空人才的培养做出贡献。在社会公益方面，香港航空通过"飞上云霄"、"飞越云端·拥抱世界"等系列公益活动，从小学、中学到大学全覆盖地助力香港青年成长。相信，香港航空长久以来的执着付出，会有助于香港社会经济的发展，而香港航空也将成为香港社会不可或缺的一分子。

10 担当的力量：勇于负责，乐于付出

优秀的企业都有一个共同的特点就是：勇于负责，乐于付出。只有体现担当力量的公司，才会融入顾客心中，成为经典的品牌。

担当的力量体现在对员工的担当、对乘客的担当乃至对社会的担当。首先公司对员工成长负责，员工才会对公司负责、对乘客负责。当勇于担当的责任意识形成以后，公司和员工自然也会主动承担对社会的责任，成为推动社会发展不可或缺的力量。

1. 对员工成长的担当

香港航空鼓励员工在实际工作中获得成长。公司培养和重用年轻管理者，鼓励他们在实际工作中锻炼自己。一名高管在访谈中表示："公司给我们年轻人提供事业发展的平台，很多时候我代表公司去跟客户或供应商谈判时，对方都不敢相信我就是来跟他们谈判的人。因为跟他们相比，我确实显得太年轻了。"事实证明，公司愿意大力培养年轻人是对的。这些年轻的管理者们能够不断吸收新的观念、采纳新的技术，不断提高个人业绩，推动公司发展。

杰克·韦尔奇回忆早年被提拔的经历，也表明起用年轻干部能够为公司增添不少活力。"早年在 GE 工作的时候，我就获得了这样的经验。那时我还在实验室工作，负责开发一种名叫 PPO 的新型塑料。有一天，公司的某位副总裁来我们所在的小镇，我的老板安排我向他介绍项目开发的最新进展。当时，我急于向他们证明自己的实力，所以提前一周加班准备材料。我不但分析了 PPO 的经济效益，还探讨了该

产业中的其他所有工程塑料的前景。我最后递交的报告包括了一个五年展望计划，与杜邦、Celanses 和孟山都（Monsanto）生产的同类产品的成本对比报告，以及一份 GE 应该如何争取竞争优势的大纲。谦虚点说，我的老板和副总裁感到非常震惊"。❶

香港航空之所以积极启动年轻干部，是因为公司坚信一家对员工有担当的公司，就要积极为员工发展搭建平台，给予他们展示才能的机会。这是公司对员工最大的负责任。当然，公司对员工表现出担当的时候，员工对公司最好的回报就是对乘客的担当。

2. 对乘客需求的担当

帮助在海外遇到困难的大学生回国

我是一名在校大学生，今年"五一"和朋友们约好去巴厘岛度假，5 月 5 日朋友们因为工作原因都回国了，而我的假期还没有结束，于是我单独一个人在巴厘岛玩了三天。7 日晚上我在库塔吃完晚饭，想着时间还早就去周边逛了一会，晚上 11 点我赶到机场准备回国，工作人员让我出示护照，打开背包才知道我的钱包被偷了，里面有我的护照和所有的钱。

此时，我惊恐万分，无助极了。一个人在异国他乡，没有钱，没有护照，没有熟人，连英语也不是很好。我很害怕，甚至不知道该怎么办。

因为我买的是香港航空公司的机票，无奈之下，我只能去香港航空公司的柜台寻求帮助。我想先咨询工作人员只有护照的复印件能不能登机，他们告诉我即使他们让我上了飞机，海关也不会让我走的，那一刻我感到彻底绝望了，特别是我的家人，听到这个消息后真的吓坏了。

在最绝望的时候，恰好遇见陈女士也在柜台。她看到我惊恐的样子，主动问我发生了什么事。得知事情原委之后，她答应为我改签机票回国，但是当晚我肯定是不能回去了。她掏出钱包，把仅有的三十万印尼盾给了我，并问她同事这些够不够

---

❶ 杰克·韦尔奇，苏西·韦尔奇著，余江译，《赢》，中信出版社，2005 年。

我明天吃饭，还帮我预付了酒店的费用，安慰我不要害怕。陈女士说明天会帮我联系领事馆办理相关手续，让我尽管回去休息，有事发微信给她。

在陈女士的协助下，酒店派车来机场接我回去，忐忑不安地度过了一个晚上。第二天一大早我去警察局报警并拿到丢失证明，刚回到酒店，张领事就打电话说要接我去登巴萨领事馆补办证件，我从张领事的口中才得知陈女士是香港航空公司地勤公司的副总。办好签证以后，我当晚就回国了。

现在回想起来就像一场梦，也算是一次很特别的经历，我和我的家人都特别感谢一路上帮助我的每一个人。谢谢你们对陌生的我伸出援助之手，在我最需要帮助的时候给了我莫大的支持与帮助。如果每个人都能对他人多一份付出，那社会该会有多美好！（故事来源：乘客-何耐英）

香港航空的陈女士与这名乘客非亲非故，也不知道这名乘客的背景，就把自己钱包剩下的钱全部拿给她，而且还帮她安排酒店。她难道没有任何的顾虑吗？后来在访谈陈女士时她说道："当时自己也没有多想，就是看到自己的乘客遇到麻烦，我就是想快点帮助她回国。如果她不还钱给我，我就当给自己的女儿花了，也没什么大不了。"简单的言语之中，体现了香港航空的员工对乘客的担当与责任。

地勤小哥不辞辛苦送老人去深圳坐火车

服务是无止境的，它没有标准，没有限制，一颗真正服务的心是为客人多走一步。以下这个故事，我们的主人翁却不止为客人多走一步，而是一趟旅程。

5月17日，一名中国籍乘客自台北抵港，计划转飞北京。可在飞机尚未抵达前，他已经感到不适，便要求乘务员为其提供氧气。营运部的助理经理Frankie得知此事后，便到抵港闸口看能够提供什么帮助。了解情况后，Frankie推断应该是乘客的肺部出现了问题，便带着他到机场诊所。诊断以后，医生认为他的情况虽然不是很严重，但其身体状况已经不适宜乘坐飞机。

然而，乘客却道出他的苦况——他身上没多少钱，甚至不足以支付诊断费。Frankie 知道后也没有多作考虑，便以公司名义为他支付费用。由于乘客不适宜坐飞机，Frankie 跟其他主管经理商量后建议乘客先坐过境巴士到深圳，再转乘火车回北京。

乘客同意了，但身上的钱不足以应付整趟旅程，他也不知道该怎么坐车到深圳。于是，Frankie 便授权为其订了酒店，更特别安排在荃湾的熊猫酒店，好方便乘客搭乘直通车。一切都安排妥当，只差一位同事于第二天送乘客坐车。

翌日正好是 Frankie 的假期，他本想安排其他同事接手，可他一方面不大放心乘客的情况，另一方面又不想麻烦其他同事接手机场范围以外的工作。于是，他决定向上司申请，第二天早上亲自送乘客到巴士车站。

结果是，翌日 Frankie 不只带乘客到巴士车站，而是一路由香港陪伴乘客到深圳。Frankie 还请乘客吃了一顿早餐，并告诉乘客乘车信息，包括深圳往北京火车的班次、闸口等。最后，Frankie 还不忘叮嘱乘客回到北京得尽快去看医生，保重身体。故事说到这里，早已超越了地勤的工作范围，但因为 Frankie 对服务的担当，让他为了这个客人多走了一大步。（故事来源：香港航空地面服务公司）

救助台湾何老伯

这是一个至亲之人相隔异地后重聚的温馨故事，也是一个彰显人性与同理心的感人故事。如果不是香港航空的员工对乘客的担当和负责，故事的结果或许只剩下孤单、伤感和后悔。

该事件的主人公是一个自南宁经香港转机回台湾的老伯。孤身一人乘飞机来港，对于一个已经八十多岁的老伯而言，本来已经很不容易了，而且年迈的老伯还抱恙在身。当时老伯在飞机还未抵港时，肚子已经痛得要命，甚至要求乘务员在抵港后代为安排救护车。

乘客需要送医院的例子时有发生，在机场实在不算特别。Mandy 得悉这件事时，也只是寻常地了解了一下。但是当看到信息"伯伯八十多岁，一个人，医生诊断后认为他不适宜上机，并须实时进行手术"时，Mandy 意识到老伯可能是遇到了大麻烦。

她想一位如此年迈又罹患重病的老人家，孤身一人在人生路不熟的地方等待进行手术，情况着实令人担心。于是 Mandy 立即联络了台湾的地勤同事，尝试通知老伯的家人，可当时已经是夜晚，联系不上老伯的家人。一直到第二天早上，台湾同事才成功联络到老伯的家人。香港航空台北外站的同事为老伯家人安排乘坐最早的航班，从台湾来港探望老伯。

在 Mandy 和台北同事的通力合作下，老伯的两个女儿终于到达香港。Mandy 和香港的同事又为老伯的女儿预订酒店，提供各种方便。

经过几天的休养和家人的悉心照料，伯伯终于出院了。Mandy 又亲自送他们到机场，不仅早已经为他们准备好回台的机票，而且还安排他们到贵宾室候机，并叮嘱台湾的同事接机。故事终于告一段落，虽然伯伯晚了一个多星期才能回乡，却亲身感受到了香港航空的员工对乘客的真情和担当。

3. 对社会责任的担当

香港航空虽然年轻，但是年轻的香港航空对于

图 10-1　香港航空的员工与何老伯一家
图片来源：香港航空地面服务公司。

图 10-2　一年以后何老伯女儿不忘香港航空的恩情，在 Facebook 上留言祝福 Mandy 生日快乐
图片来源：香港航空公司地面服务公司。

社会责任的担当却不打折扣。"勇于负责,乐于付出"的精神绝不是空洞的说教,而是实实在在的行动。香港航空开通台湾航线以后,就全程支持了一项"老兵回家"的温情行动。

在台湾宜兰县三星乡尚武村,住着一位叫王成松的独居老人,已经90多岁。他每天最想念的事情,就是盼望有生之年能再见女儿一面。因为国共战争,他于1948年被国民党军队俘虏到台湾,与2岁的女儿一别就是60多年。

或许是老人60多年来从未放弃寻找女儿的诚意感动了上苍,经尚武村村长和龙越慈善基金的共同努力,终于找到了王成松女儿王秀兰的线索。听到父亲还健在的消息,王秀兰的第一反应就是要去台湾寻亲。龙越慈善基金联系了香港航空,公司得知此事后,决定全程支持王秀兰,为其一行人提供免费机票,开启台湾寻亲之旅。

"葬我于高山之上兮,望我大陆;大陆不可见兮,只有痛哭!葬我于高山之上兮,望我故乡;故乡不可见兮,永不能忘!天苍苍,野茫茫;山之上,国有殇!"❶尽管岁月流逝,但被海峡相隔而朝夕相盼的人们,他们无时无刻不在憧憬着回家。

香港航空作为连接两岸的枢纽,也主动承担起连接两地亲情的桥梁作用。在第一次帮助王秀兰去台湾与父亲相认以后,香港航空决定,如果有需要,公司将继续提供相应的支持。就在王成松与女儿相认不到一年的时间,2015年3月,香港航空再次携手龙越慈善基金,为老兵女儿王秀兰及家属提供免费机票前往台湾,接老兵王成松回大陆定居。

王老先生一行人从台湾乘坐香港航空航班,经香港中转飞往上海。航班飞抵香港以后,香港航空时任副总裁孙剑锋和商务总监李殿春早已等候在机场到达出口,迎接王老先生一家人去香港航空的贵宾室休息,等待转机去上海。

王老先生再次踏上飞机飞往上海时,与老人一样激动的还有飞机上的乘客和机组人员。为欢迎王老先生回家,香港航空机组人员还准备了一段特别的欢迎广播:"各位旅客:在此我们很高兴地代表全体机组人员欢迎来自台湾的老兵王成松先生,

---

❶ 这是于右任老先生在1964年1月24日写下的最后一首诗——《望大陆》。

10 担当的力量：勇于负责，乐于付出

图 10-3　香港航空台北营业部总经理李海青护送老兵王成松前往登机口
图片来源：香港航空品牌中心。

图 10-4　王成松一家在香港航空的贵宾室等待转机
注：香港航空时任副总裁孙剑锋先生（右二）及商务总监李殿春先生（左一）欢迎王成松一家。
图片来源：香港航空品牌中心。

在阔别家乡近七十年后，搭乘本航班踏上回家的旅途，与失散六十余年、直到去年才相认的亲生女儿团聚。能够协助王先生完成心愿，是香港航空最大的满足。如有任何需要，请随时与我们的机舱服务员联络，谢谢！"

随着香港航空航班号为 HX232 的飞机抵达上海浦东机场，王老先生终于踏上了阔别已久的大陆。当走出到达口时，香港航空上海营业部总经理李峰与同事也早早等候在机场，热烈欢迎王老先生回家。

整个旅途中，香港航空给王老先生提供了无微不至的关怀和照顾，令老先生不禁感慨"上了飞机就觉得跟家一样"——还有什么样的赞美比老人家最朴实的肺腑之言更加宝贵？在服务老先生一家的事情上，从公司到员工都是发自内心的主动服务。其实，大家在做的不仅仅只是一项工作，更体现出了香港航空对社会的责任和勇于担当的力量。

图 10-5　王老先生乘坐飞往上海的航班踏上回家的旅程
图片来源：香港航空品牌中心。

年轻的力量
香港航空服务创新之路

图 10-6　香港航空上海营业部总经理李峰迎接王老先生
图片来源：香港航空品牌中心。

王老先生 60 年后重回大陆，与女儿团聚的故事还引起了社会的广泛关注。该故事被拍成《老兵回家》的纪录片❶，呼吁社会各界关心老兵，让更多的老兵能够回家，香港航空亦对纪录片的拍摄提供了全程支持。香港航空对社会的担当体现出公司倡导"以人为本"的服务文化，即用平等之心善待每一个人，用仁爱之情关怀特殊群体。

4. 勇于担当的责任文化

香港航空作为一家年轻的香港本地航空公司，在快速成长中也不忘回馈社会，帮助香港年轻人共同成长。香港航空精心策划并实施了一系列帮助香港学生认识航空业，为香港航空业培养更多人才的公益项目。已经形成社会影响力的项目包括"飞上云霄"和"飞越云端·拥抱世界"。

飞上云霄

"飞上云霄"是香港航空 2014 年推出，为中小学生提供参观飞机及体验航班运

---

❶　纪录片《老兵回家》播放链接，http://v.youku.com/v_show/id_XMTMwOTc1NDYzMg==.html?from=s1.8-1-1.2。

作的公益项目。项目推出后广受香港中小学的欢迎，目前报名参加的学校超过100多所。截止到2016年6月，香港航空已经举办了13届"飞上云霄"活动，为全港不同学校、不同背景的400多名学生提供了体验之旅。❶

"飞上云霄"的活动内容包括参观配餐基地、介绍地勤工作概况、参观飞机驾驶舱、中小学生扮演空乘人员、学习救生衣应用。通过"飞上云霄"的活动，中小学生增加了航空知识，培养了航空兴趣，此举有力推动了香港航空业人才的培养。

图 10-7　香港航空商务总监李殿春及影视演员罗仲谦与荃湾天主教小学师生参加第六届"飞上云霄"启动仪式
图片来源：香港航空品牌中心。

图 10-8　第九届"飞上云霄"活动中天保学校（轻度智力障碍儿学校）的学生与本届活动大使谭咏麟先生在飞机驾驶室
图片来源：香港航空品牌中心。

图 10-9　第九届"飞上云霄"活动中学生们在学习如何使用救生衣
图片来源：香港航空品牌中心。

❶　飞上云霄项目针对中小学生开放，报名对象为小五至中三学生，每次参加人数30人（包括老师在内）。

图 10-10　在第十三届"飞上云霄"活动中香港航空机长为学生介绍飞机构成及运作
图片来源：香港航空品牌中心。

图 10-11　香港海坝街官立小学及深圳市桃源居中澳实验学校一同参加"飞上云霄"活动
图片来源：香港航空品牌中心。

随着"飞上云霄"活动影响力的扩大，香港航空也借此作为沟通香港和内地的桥梁，特别策划了一次香港与内地小学生一同参加的"飞上云霄"活动。2016年6月16日，香港航空邀请香港海坝街官立小学及深圳市桃源居中澳实验学校的师生一同前往参观。

两地学生共同登上飞机，除了学习航空知识之外，也交流了两地文化，加强了彼此间的理解。无论是香港学生，还是内地学生都大呼收获很多。香港航空此举不仅为潜在的航空业人才的培养做出了贡献，也促进了两地年轻人的交流，意义重大。

飞越云端·拥抱世界

"飞越云端·拥抱世界"是香港航空2014年推出的青年学生赞助计划，该计划是通过赞助机票，给予在学业或其他方面有杰出表现的青年学生一个走出香港、放眼世界的机会。

截止到2016年1月,"飞越云端·拥抱世界"活动从推出以来,已经有50家学校参加,香港航空给每个学校赞助20张免费往返机票,共赞助免费机票1 000张。此项活动的策划就是为了丰富香港学生的游学经历,鼓励香港学生走出课堂,体验各地的文化精髓,在培养独立思考及自理能力之余,探索并发掘自己的潜能,为未来的发展做好准备。

香港航空聚焦于香港青年的成长,为香港未来的发展助力。香港航空作为香港本地航空公司,推动香港社会经济发展是首先要承担的责任,而推动香港社会经济发展的关键在于有没有源源不断的人才输送。为此,香港航空通过"飞上云霄"和"飞越云端·拥抱世界"的社会公益项目激发香港青年学子奋发图强的拼搏精神和上进有为的责任意识。

香港航空除了服务好香港市民以外,也具有连接海峡两岸暨香港的桥梁作用。除了安全输送乘客、运输货物以外,香港航空也在积极推动海峡两岸暨香港的社会

图10-12 2015年"飞越云端·拥抱世界"小学生赞助计划颁奖典礼
图片来源:香港航空品牌中心。
注:从左二到右二分别是香港航空商务总监李殿春先生,香港航空首席运营官王证皓先生,运输及房屋局副局长邱诚武太平绅士,教育局局长吴克俭SBS太平绅士,香港特别行政区立法会航运交通界易志明议员,主持嘉宾陈茵媺小姐。

年轻的力量
香港航空服务创新之路

图 10-13　2016 年 1 月 21 日—23 日香港航空赞助 10 名香港优秀学生在北京参观访问空中巴士亚洲生产基地
图片来源：香港航空品牌中心。

文化交流。比如，香港航空全程赞助台湾老兵回家的故事已被传为业内佳话。香港航空又开始策划新的公益项目，计划通过常态化的项目，积极发挥香港航空作为社会文化交流的桥梁作用。

伴随洲际航线的开通，香港航空的企业社会责任也要跟上公司业务的发展。这对于年轻的香港航空而言，既是挑战也是机会。香港航空缺乏策划实施国际公益项目的经验，对实现国际公益项目的国际影响力也没有十足的把握。尽管压力大、挑战高，但是年轻的香港航空从来不惧怕。伴随香港航空开通首条澳大利亚航线（香港—黄金海岸—凯恩斯—香港），香港航空计划成立一项环保基金，旨在保护澳大利亚珊瑚礁的自然生态环境。此举更是要呼吁大家对自然环境的关爱，保护我们共同的地球家园。

力量有多大，责任就有多大。香港航空从一个区域航空公司发展成为一个全球化的国际公司，其社会责任从立足香港，服务香港，发展到沟通海峡两岸暨香港，促进文化交流，再到连接世界，保护共同的地球家园。香港航空越飞越远，承担的社会责任也越来越多。

员工对社会责任的担当

香港航空对社会责任的担当也深深地影响着香港航空的员工。哪怕是不认识的陌生人需要他们的援助，香港航空的员工都会毫不犹豫地挺身而出。

2016年5月15日，3辆汽车在香港长沙湾呈祥道连环相撞，其中一辆摩托车司机被抛跌到地上，头部受伤，刚乘车经过的一名下班的圣约翰救护队员及一名香港航空的空姐，立即下车查看伤者情况，空姐半跪地上用湿纸巾为伤者抹脸的情景被路人拍下并放到网上，被网友纷纷称赞。有人称赞她是2016年感动香港人物，也有人称赞她是香港最美空姐，还有网友表示今后就坐她公司的飞机了……

虽然这位空姐的行为赢得了大家的称赞，但是她却认为在别人有困难的时候伸出援助之手，是自己应该做的。时至今日，这名身着香港航空制服的空姐依然很低调，不愿宣传自己。

香港航空倡导对员工、对乘客、对社会勇于承担、乐于付出，不仅要宣传，更要行动。香港航空勇于担当的责任文化深深地影响着每一个员工，当香港航空的员工做出对社会有担当的行动时，也影响到了社会中的每一个人。当每个人对他人、对社会都勇于担当的时候，我们生活的社会将会更加安全、舒适和美好！

附录 1：
香港航空大事记

2006　11月28日，经香港特区政府审批，中富航空有限公司（CR Airways Limited）更名为香港航空有限公司（HONG KONG Airlines Limited）。
11月28日香港航空 N8151 航班飞抵海口美兰国际机场，完成首航。

2007　2月开通香港到青岛、福州航线；3月开通济南、石家庄、厦门航线；8月开通越南胡志明市航线；9月开通日本广岛、北九州、鹿儿岛航线；12月开通合肥航线。
6月初，香港航空与总部设在法国图鲁兹的空中客车公司签署备忘录，购买 50 架客机，其中包括 30 架 A320 型及 20 架 A330 型空中客车客机。
8月香港航空正式将香港国际机场地面服务委托给怡中航空服务有限公司，为两家公司全面合作打下稳固的基础。

2008　2月29日，香港航空推出 www.hkairlines.com 24 小时网上订票服务。
11月28日，香港航空举行 2 周年纪念日活动。香港航空邀请名家设计机舱服务员新制服，并正式换装；提升航空餐饮，务求令乘客耳目一新；推出"买送 1128 张机票"的大型营销活动，以回馈广大乘客的支持。

2009　6月3日，香港航空协同台湾观光局邀请各大香港媒体到台中参观采访，分别于亚致大饭店和金典酒店举办了产品介绍会和答谢晚宴。
10月23日，香港航空与中国民航信息网络股份有限公司合作开发的网上机票分销平台成功上线运行，成为中国内地及港澳台地区首个拥有国际 B2B 网站的航空公司。

2010

2月，在新加坡航空展览上，香港航空总裁杨建红先生同空中客车公司首席运行总监 John Leahy 签署购置 6 架 A330-200 型飞机协议。

3月，香港航空旗下各业务范畴，包括销售、票务、订位、网上订位、货运、地面服务、行李及机舱服务通过 ISO 10002:2004 投诉管理系统认证。

6月30日，香港航空顺利完成了"香港—莫斯科"定期航班的首航。这是香港航空首条长途航线，也是目前除俄罗斯航空公司（Aeroflot）以外唯一一家开通"香港—莫斯科"航线的公司。

7月22日，香港航空在香港国际机场的贵宾室正式投入使用，香港航空拥有了属于自己的贵宾室。

7月30日，香港航空与中国内地领先的第三方支付公司易宝支付正式对外宣布，双方在银行卡网上支付及信用卡支付方面正式达成合作。乘客通过香港航空 B2B 代理人分销网站订票时，可以通过易宝平台进行支付，使乘客选择更方便，支付方式更多元。随后易宝支付平台亦链接香港航空 B2C 网站，服务普通散客。

2011

3月18日，香港航空发布以"更年轻，很香港"为主题，咏春拳为广告创意的首辑电视广告，并邀请国艺娱乐旗下艺人杜宇航先生、陈嘉桓小姐签约成为"香港航空服务推广大使"，推广香港航空的服务品牌。

5月31日，工银亚洲香港航空 Visa 白金卡首发仪式在香港 JW 万豪酒店举行。此次联名卡将为内地与香港广大商旅人士提供更加优质的航空服务和高附加值的消费体验。

6月28日，香港航空维修与工程公司正式挂牌。香港航空维修与工程公司将有效保障公司未来机队的发展需要，降低公司的运行成本。

6月28日，香港航空顺利将值机柜台搬迁至香港国际机场 1 号客运大楼 K 段。由于 1 号客运大楼更为便捷，服务优势更加明显，对于提升公司整体服务水平有重要促进作用。

12月10日起，香港航空及兰桂坊协会携手合作举行"空中漫游兰桂坊"大抽奖活动，共送出总值超过 330 万的香港航空香港—伦敦的往返商务舱机票。

2012

2月13日起，香港航空全球首架 A330-200 型全商务客机在香港、上海及北京三地作巡回展览，让传媒界率先体验此航班服务。此航线的机上餐食邀请香港名厨周中师傅及英国米其林名厨 Jason Atherton 担任顾问。

3月7日，香港航空伦敦航班首航，并于3月8日到达伦敦盖特威克机场，当日在伦敦著名地标 The Gherkin Searcys Club 举行首航酒会。

2013

2月18日，香港航空推出超值惊喜优惠机票，并在官网及官方手机客户端"侠客行"上进行独家售卖。伴随着"震撼全城、超值优惠"机票信息的发布，香港航空手机客户端"侠客行"的下载量也一路攀升，并于2月20日成为苹果 APP Store 香港旅游类免费软件下载量排名第一的 APP。

2014

1月16日，香港航空宣布与全球最大的机舱免税综合运营商 DFASS 集团合作推出全新机舱零售服务 SkyShop，开拓香港航空"空中商城"。

香港航空商务总监李殿春在接受《中国经营报》专访时表示"航空业必须抓牢内地市场"。香港航空宣布在 2014 年 1 月 24 日加密北京—香港的航线，达到每日四班。

3月31日，全球最大的中文在线旅行平台去哪儿网（Qunar.com）宣布与香港航空正式达成战略合作。香港航空入驻去哪儿网旗舰店，成为首家国际港澳台机票旗舰店。

5月底，香港航空与携程旅行网（Ctrip.com）在香港举行战略合作签约仪式，双方宣布正式达成战略合作。携程网将推出香港航空专页，销售超值公务舱优惠机票，进一步加大对公务舱的营销推广。

5月28日零时起至6月3日，香港航空推出"一click即享"限时限量机票优惠活动。本次推广优惠覆盖香港航空所有航线，包括中国及东南亚各大商务及旅游城市，赢得市场的众多关注和热烈反应。

6月初，香港航空与淘宝网旗下网上旅游服务平台淘宝旅行（trip.taobao.com）在香港举行战略合作签约仪式，双方正式宣布达成战略合作。香港航空入驻淘宝旅行，成为首家于该平台设立国际港澳台机票旗舰店的境外航空公司，双方将强强联手，共同为消费者提供国际机票产品与服务。

2015

1月4日，香港航空作为指定航空赞助商，出席了在北京举办的电影版《冲上云霄》发布会，与剧组一同宣布影片将于2月19日（农历大年初一）在香港及内地同步上映。

2月4日，香港航空与太兴饮食集团达成合作协议，太兴将为香港航空商务舱乘客带来多款独具香港地道特色的餐食，让乘客能于万尺高空上品尝惊喜佳肴。

2月26日，香港航空与香港机场管理局就分租土地兴建飞行培训中心签订协议。飞行培训中心将位于赤鱲角过路湾路，落成后建筑面积约23000平方米，包括两幢相连的行政大楼及飞行训练大楼，预计可容纳12个模拟驾驶舱、一个设有1:1模拟机舱的大型安全训练中心、教室及会议室等。香港航空的机舱人员及飞行员将会在这些设施内受训。工程预计于本年内动工，期望于2017年年底完成。

3月20日，香港航空宣布加入香港航空公司代表协会的执行委员会。该协会由遍布全球的多家国际及地区航空公司所组成，为航空业界提供一个重要平台，讨论及探讨与香港航空业发展有关的事宜。

3月28日，香港航空庆祝宫崎航线、盐城航线首航，及鹿儿岛航线开航一周年。香港航空正式开通香港至日本宫崎的航班服务，逢周三及周六往来两地。香港航空为目前唯一营运香港至宫崎直航服务的航空公司。

3月29日，在鹿儿岛举行周年志庆。鹿儿岛航线自开通后备受旅客欢迎。为进一步满足日益增长的市场需要，鹿儿岛航线将自5月12日起，由每周两班增至每周三班，逢周二、周四及周日往来两地。

4月29日，香港航空正式开通每周四班往来香港与南昌的航班服务，是目前香港唯一一家开办该直航航线的航空公司。此新航线将由香港航空空中巴士A320型客机营运，逢周一、周三、周五及周日往来两地。

6月15日，香港航空与阿提哈德航空拓展代码共享，与嘉鲁达印尼航空签订代码共享协议。

8月25日起，香港航空推出一系列全新"Sweeten You Up 飞尝喜悦"星级服务，为庆祝新婚、结婚周年纪念、生日的乘客以及儿童乘客，提供亲切真诚的贴心服务。

9月1日，香港航空与同样拥有Skytrax四星的毛里求斯航空公司达成代码共享协议，为旅客赴毛里求斯旅行提供更便捷的选择。根据协议，香港航空将附加航班代码「HX」于毛里求斯航空每周两班往返香港与毛里求斯的直航航线。

11月3日，香港航空正式开通每天一班往来香港与泰国喀比的新航线。为庆祝新航线启航，香港航空于香港国际机场举办了首航庆祝活动。

11月13日，香港航空从空中客车公司交付中心成功接收第26架A330型宽体飞机。

12月14日，香港航空正式开通每周两班往来香港与日本熊本的新航线。

2016

1月8日，香港航空正式开通首条澳大利亚新航线，提供每周三班直航服务，逢周二、周五及周六由香港出发前往黄金海岸，再由凯恩斯返回香港。

1月15日，香港航空在香港天际万豪酒店圆满举行第二届精益六西格玛毕业典礼。2015年获认证的项目共30个，诞生了27位新的绿带，公司管理层分别向各项目负责人颁发了绿带奖章。

2月1日，香港航空从上海成功接收了第28架飞机。此次交付的新飞机为A330-343型两舱宽体客机，最大载客数为292位。

2月27日，香港航空正式开通每周三班往来香港与柬埔寨首都金边的新航线。

3月9日，香港航空在飞行培训中心施工地顺利举行动工仪式。仪式期间，香港航空执行董事长兼总裁张逵、香港运输及房屋局局长张炳良和香港机场管理局行政总裁林天福分别致辞。

3月28日，香港航空正式开通每天一班往来香港至日本冈山的直航航线，成为目前首间及唯一营运香港至冈山直航服务的航空公司，进一步加强了香港航空的日本航线网络。

3月31日，由香港国际机场兴建的最新中场客运大楼正式全面启用，香港航空成为首间进驻及最主要使用中场客运大楼的本地航空公司。

4月15日和4月21日，香港航空从空中客车公司法国图卢兹交付中心接收了飞机B-LPP及B-LPQ，当月交付的新飞机均为A320-214型客机，最大载客数为174位。

5月28日起，香港航空正式开通每周两班往来香港至马来西亚古晋的直航航线，并采用空中巴士A320型全经济舱客机营运，成为目前唯一营运香港至古晋直航服务的航空公司，进一步加强了香港航空的亚洲航线网络。

7月1日，香港航空正式开通每天两班往来香港至日本东京成田机场的直航航线；7月15日起，开通每天一班往来香港至日本大阪关西国际机场的直航航线，进一步加强了日本航线网络。

7月5日和7月18日，香港航空分别引进两架A330型飞机（B-LNR、B-LNS）。截至目前，机队规模达32架，其中11架A320型飞机，16架A330型飞机，5架A330型货机。

附录 2：
香港航空荣誉榜

2009 年 4 月 24 日，香港航空获得 2009 年度由香港国际机场颁发的"优质旅客服务奖"。两名得奖者分别是香港航空的空中服务员张惠雅小姐及香港快运的空中服务员冯丽仪小姐。

2010 年 2 月 11 日，香港航空总裁基金奖及员工长期服务奖颁奖典礼在中航大厦办公室隆重举行。颁奖典礼上，公司管理团队分别为 11 位总裁基金奖及 8 名长期服务奖获奖员工（团队）颁发了奖牌和奖金，以表彰他们在过去为公司发展做出的贡献。香港航空总裁基金奖和员工长期服务奖于 2010 年首次设立，其中总裁基金奖共设有 4 个奖项，分别为"服务明星奖""敬业创新奖""业绩明星奖""优秀团队奖"；长期服务奖则授予在公司工作 5 年以上的员工。

2012 年 2 月 10 日，由国际机场协会及北京首都机场旅客服务促进委员会进行的 2011 年四季度 ACI 旅客满意度测评中，香港航空获得第一名的骄人成绩。测评结果显示，在测评的五项指标中香港航空北京航站均处于行业首位，获得了全 5 分的最好成绩。这是香港航空继成功晋级 Skytrax 四星级航空公司之后又一次获得了第三方测评机构的高度认可。

2012 年 5 月 4 日，香港航空荣获香港著名财经杂志《资本一周》颁发的 2012 年"航空公司服务大奖"。服务总监简浩贤先生出席颁奖礼并接受奖项。奖项由读者及评审团严格挑选，表扬过往一年有杰出服务表现的企业，以对企业所提供的优质服务予以鼓励。

2012 年 5 月 25 日，香港航空 2011 年度杰出表现及总裁基金奖颁奖典礼在香港天际万豪酒店举行。期间，公司管理层向获得总裁基金奖的团体和个人颁发了奖项。

2012年6月12日，香港航空获颁AMADEUS全球机票订购系统2012年电子商务最佳销售进步奖。2011年度，公司电子商务B2B总销售占直销的量和额都有超过300%的增长幅度。

2012年9月5日，香港航空获颁雅虎香港第十届"Yahoo! 感情品牌大奖2011—2012"航空界别奖。该奖项旨在表扬与港人有深厚感情联系的品牌，鼓励企业迎合港人的独特情感。所有得奖品牌均由网民以网上投票机制选出，选举结果具有代表性及认可度。

2013年5月，香港航空的两位员工获得由香港机场颁发的2012—2013香港国际机场"优质旅客服务计划"个人奖，以表扬其在2012年度在客户服务方面的突出表现及成绩。

2013年6月，在"亚太杰出旅客关系服务奖"颁奖典礼晚宴上，香港航空的两位员工获颁由亚太旅客服务协会颁发的亚太杰出旅客关系服务个人奖，以表彰她们于2012年度在客户服务与旅客关系方面的突出成就。

2014年1月，由亚洲品牌协会、《环球时报》、中国经济导报社共同主办的2013年亚洲品牌年会暨中国品牌年度总评榜颁奖典礼在北京隆重举行。香港航空荣获"2013亚洲品牌成长100强"荣誉，香港航空商务总监李殿春先生出席典礼并接受了奖项。

2014年2月，由新浪微博香港站举办的"微博之星2013"颁奖典礼首度揭晓。香港航空官方微博（@香港航空）获"微博影响力十大企业（香港）"荣誉。

2014年6月13日，亚太旅客服务协会举行亚太杰出旅客关系服务奖颁奖典礼晚宴，宣布2013亚太杰出旅客关系服务奖得奖名单，香港航空凭借不断提升的服务水平获得一致认可，贵宾服务团队获颁"最佳现场支持队伍"奖项，两位一线员工王奕泓及郑兰诗分别获"杰出旅客服务组长"个人奖。

2014年6月24日，香港商业专业评审中心举办卓越商业大奖颁奖典礼，该奖项旨在嘉许香港本地企业在商业营运上的杰出表现，评审团分别从创意策略、社会爱心服务、环保及服务四个方面评估候选企业及机构，香港航空作为唯一的航空公司代表获得大奖，并分获四项独立奖项，分别为"2014卓越服务真诚奖""2014卓越社会爱心服务奖""卓越创意策略奖"及"2014卓越环保企业奖"。

2014年7月15日香港航空获Skytrax颁发的年度"全球最杰出进步航空公司"大奖。

附录 2:
香港航空荣誉榜

2014年7月4日香港国际机场举行了年度"优质旅客服务计划"颁奖典礼,表扬过去一年为香港机场做出杰出贡献的机场员工。得奖者由香港机场65 000名员工中选拔而出,2014年得奖者逾300名,其中香港航空共有35名员工获得不同类别的奖项。

2014年7月16日,雅虎香港举办"Yahoo! 感情品牌大奖2013—2014"颁奖典礼,香港航空获得航空公司类别奖。

2015年2月11日,香港航空及DFASS集团共同庆祝携手发展机舱零售一周年。在过去的一年中,香港航空的机上免税商品销售金额较上一年同期大幅攀升78%,机上人均消费金额也按年激增56%。庆祝仪式上,双方宣布即将启动突破性的AirCommerce®机舱实时信用卡授权解决方案,以方便空中支付。

香港航空在2015年的"机上销售年度人物奖"(ISPY)中勇夺殊荣,是亚洲唯一一家跻身ISPY最后四强的全服务航空公司。

2015年3月5日,在2014—2015年度"机场安全嘉许计划"颁奖典礼上,香港航空企业安全总监Alex Linhares先生代表公司获颁"企业安全表现大奖"。

2015年3月中旬,新浪微博香港站举办"微博之星2014"颁奖典礼,香港航空连续两年荣获"微博影响力十大企业(香港)"荣誉,排名更跃升至第六位。

2015年6月12日,香港航空连续第三年获得"亚太杰出旅客关系服务奖";香港航空全资附属公司——香港航空地面服务有限公司(HAGSL),成立首年亦凭借优质服务获得了该殊荣。香港航空机舱服务员关系支援团队荣获"最佳综合支援队伍"大奖,两间公司共有六位一线员工获得了个人类别"杰出旅客服务组长"的荣誉,其中有三位员工冯嘉怡小姐、陈静图小姐和谭嘉玮小姐获得该类别大奖。

2015年6月16日,2015年度Skytrax世界航空公司大奖中,首度入选"全球最佳区域航空公司"十强。

2015年7月24日,香港国际机场举行了年度"优质旅客服务计划"颁奖典礼。得奖的香港机场社区成员员工约500名,其中香港航空的76名员工及香港航空地面服务有限公司的40名员工获得了不同类别的奖项,两间公司亦分别获得两个企业类别奖项。香港航空副总裁孙剑锋先生及HAGSL董事总经理简浩贤先生出席了颁奖典礼。

2015 年 7 月 23 日，在第八届《资本一周》服务大奖颁奖典礼上，香港航空获颁航空公司组别的服务大奖。

2015 年 10 月 13 日，香港著名旅游生活杂志 U Magazine 举办"U Magazine 旅游大奖 2015"颁奖典礼，香港航空获颁"我最喜爱宣传策略—航空公司"奖项，香港航空市场部经理张宏俊先生代表公司领奖。

2015 年 10 月 29 日，香港航空荣获 2015 年"世界旅游大奖"(World Travel Awards, WTA)。同时，在九家获 WTA "2015 年亚洲最佳机舱服务"类别提名的航空公司中，香港航空脱颖而出，赢得"亚洲最佳机舱服务"殊荣。

2015 年 12 月 4 日，由亚太杰出企业家联盟、商天下品牌认证基金会、亚洲研究协会、美国英特大学和亚太国际世纪企业家精英奖组委会等亚太区域国际性非盈利商业权威组织举办的《亚太杰出品牌》颁奖典礼中，香港航空移动 APP 凭借精美的设计、独特的产品以及移动端主流渠道（IOS/Android/H5/WeChat）全覆盖的创新科技优势，首次获得 Asia Top 100 "用户最喜爱产品大奖"。

2015 年 12 月 11 日，在香港国际机场"机场服务齐击掌"活动颁奖仪式中，香港航空及其附属子公司香港航空地面服务有限公司均获得航空公司及地勤服务代理组别的"最热心服务公司"奖项。此外，香港航空机舱服务员鲍德志获该组别"最热心机场员工"嘉许并赢得最高投票数，HAGSL 地勤员工曾洁铺亦荣获"最热心机场员工"奖项。

2016 年 1 月 25 日，在星岛新闻集团旗下《JobMarket 求职广场》杂志举办的"卓越佣主大奖 2015"颁奖典礼中，香港航空获颁"卓越佣主大奖 2015"奖项。

2016 年 1 月 28 日，在又飞啦！网（Flyagain.la）举办的"我最喜爱旅游品牌大奖 2015"颁奖典礼中，香港航空获颁"我最喜爱区域性商务舱"奖项。

2016 年 2 月 2 日，在伦敦举行的"机上销售年度人物奖"(ISPY) 颁奖典礼上，香港航空获得了举世关注的"年度最佳航空公司"大奖。此外，香港航空机舱服务员郑智杰先生及谭慧娜小姐获得最佳产品销售团队奖银奖，并取得最佳销售机舱服务员证书。

2016 年 3 月 21 日，新浪微博香港站举办"微博之星 2015"颁奖礼，香港航空三度蝉联"微博影响力十大企业(香港)"荣誉，影响力排名再度上升至第五名。

附录 2：
香港航空荣誉榜

2016年4月7日，在香港国际机场2015—2016年度"机场安全嘉许计划"颁奖典礼上，香港航空再获"企业安全表现大奖"，其子公司香港航空地面服务有限公司亦首次获得"企业安全表现大奖"。另外，共10名包括HAGSL员工在内的香港航空员工获得不同类别的个人奖项。

2016年5月13日，香港航空于首届香港人力资源高峰会暨博览会上获颁"香港最佳工作企业大奖2016"奖项，该奖项旨在嘉许企业对员工福祉做出的努力和贡献。

2016年6月2日，香港国际机场举行年度"优质旅客服务计划"颁奖典礼。得奖的香港机场社区成员员工约900名，香港航空共有199名员工获奖，其中，132名员工及其附属子公司香港航空地面服务有限公司的67名员工获得了不同类别的奖项，获奖人次为历年最多，同时两间公司也分别获得企业类别奖项。

2016年6月3日，亚太旅客服务协会举行2015亚太杰出旅客关系服务奖颁奖典礼晚宴并宣布得奖名单，香港航空连续第四年获得"亚太杰出旅客关系服务奖"。此外，香港航空及其附属子公司香港航空地面服务有限公司分别获得3项公司奖项，包括"最佳旅客满意品管系统""最佳旅客参与计划"和"最佳员工敬业计划"；一线员工共获得17项个人奖项，包括2015年杰出旅客服务经理、2015年杰出旅客服务组长及2015年杰出旅客服务专业人员等。

2016年6月30日，在第九届《资本一周》服务大奖颁奖典礼上，香港航空再次获颁航空公司组别的服务大奖。

2016年6月30日，由清华大学国家形象传播研究中心主办的"中国目的地旅游与国民形象论坛"在清华大学蒙民伟音乐厅举行。会上，香港航空凭借优质的服务荣耀入围"2016数字化旅游：最受消费者好评国内航空公司（包括港澳台地区）"TOP10榜单。

2016年7月7日，在第三届《南华早报》香港企业品牌大奖颁奖典礼上，香港航空获颁"最佳香港专业服务品牌"奖项。

2016年英国当地时间7月12日，范堡罗航展上，香港航空获评"全球最佳区域航空公司"前三甲，并进入"全球最佳航空公司"30强。

附录 3：
香港航空企业社会责任事迹

2010 年 3 月 26 日至 27 日，由香港航空与"尽诉心中情"基金会共同举办的"香港航空儿童乐"慈善活动圆满完成。本次活动赞助 53 名贫困儿童和 36 名陪护家长免费畅游海南。

2010 年 11 月 7 日，香港航空"2010 明爱卖物会"筹款活动于香港维多利亚公园举行。活动当日，共有 41 名员工担任义工，通过售卖飞机模型及多款不同游戏给公众玩乐，共为香港明爱筹得善款 30000 港币。

2014 年 3 月 4 日，在香港国际机场举办第一届香港航空"飞上云霄"学生航空体验计划。活动请来吴卓义先生担任第一届活动大使，又邀请到 40 位英华小学学生与老师参加活动。希望借此活动增加香港学生对航空业界的知识，培养年轻人对航空业的兴趣。

2015 年 2 月 13 日，香港航空举办第五届"飞上云霄"活动。本次活动邀请香港著名儿童节目主持人谭玉瑛小姐担任活动大使，与 30 多位来自圣公会伟伦小学的同学和老师一同参观香港航空的客机及机场设施。

2015 年 3 月 25 日，香港社会服务联会举办"商界展关怀"社区合作伙伴展，香港航空获颁 5 年 Plus "商界展关怀"标志，以表扬公司在过去多年来对社区、员工及环境的全面关怀，及持续实践良好企业公民责任的努力。

2015 年 4 月 8 日，香港航空走进北京大学"管理案例大讲堂"，分享航空服务提升与创新实践心得。

2015 年 4 月 23 日，香港航空举办第六届"飞上云霄"学生航空体验计划。活动邀请影视演员罗仲谦担任活动大使，与荃湾天主教小学师生一起参观航空设施并登上客机，而香港航空的机师及机舱服务员则化身专业导师，与师生零距离分享航空知识及飞行经验。

2015年5月3日，香港航空举行"飞越云端•拥抱世界"中小学生赞助计划颁奖典礼。教育局局长吴克俭SBS太平绅士、运输及房屋局副局长邱诚武太平绅士及香港特别行政区立法会航运交通界易志明议员应邀为典礼担任主礼嘉宾。

2015年6月18日，香港航空举办第七届"飞上云霄"学生航空体验计划，40位来自祖尧天主教小学的学生参观了香港航空的机场设施及飞机。

2015年7月23日，香港航空与《南华早报》旗下的Young Post合作，举办第八届"飞上云霄"学生航空体验计划及英语写作比赛，40位来自全港不同中小学校的学生参加比赛。

2015年10月22日，香港航空举办第九届"飞上云霄"学生航空体验计划，邀请"乐坛校长"谭咏麟先生担任活动大使，与天保民学校师生一起登上客机并参观航空设施。

2015年11月1日，香港航空连续第七年参加港岛区一年一度的明爱筹款义卖活动。本次活动于铜锣湾维多利亚公园举行，由上百名员工组成的香港航空义工队参与了这次别具意义的活动，活动通过合家欢摊位游戏、特色礼品义卖等形式为明爱筹款，共筹得善款6000多港币。

2015年11月26日，香港航空与博爱医院合作举办了「爱•梦飞翔—关爱长者台北游」，为20名长者提供香港至台北的往返机票，安排并赞助专车接送游览当地景点，以答谢长者过去为社会付出的一份力量。

2015年12月10日，香港航空与博爱医院合作，举办第十届"飞上云霄"学生航空体验计划，博爱医院旗下的陈国威小学师生一起登上客机并参观航空设施。

2016年2月18日，香港航空举办第十一届"飞上云霄"学生航空体验计划，特别邀请来自麦当劳叔叔之家的康复病童及其家人，连同著名乐队Mr.，登上客机并参观航空设施。

2016年2月20日，香港航空义工队参与由九龙乐善堂举办的乐善之友"乐在耆中送暖行动"长者探访活动，关心独居或双老长者家庭，并为他们送上节日的祝福。

2016年2月28日，香港航空赞助香港海洋公园举行的"生态保卫赛2016"慈善活动，并组队参与比赛。此次赞助包括为"最高筹款奖"个人和家庭组的得主提供丰厚的机票奖品。

2016年3月17日,香港航空举办第十二届"飞上云霄"学生航空体验计划,本次特别邀请香港演员王宗尧先生及周家怡小姐分别化身为机长和高级乘务长参与活动,与黄埔宣道小学师生约30余人一起登上客机并参观机场设施。

2016年5月11日,香港社会服务联会举办"商界展关怀"社区合作伙伴展,香港航空连续第六年获颁"商界展关怀"标志。

2016年6月16日,香港航空举办第十三届"飞上云霄"学生航空体验计划,邀请来自海坝街官立小学及深圳市桃源居中澳实验学校的师生一起参观航空设施并登上客机。

2016年7月21日,香港航空举办"飞越云端•拥抱世界"学生赞助计划启动典礼,运输及房屋局副局长邱诚武太平绅士、香港理工大学副校长阮曾媛琪教授及来自超过60间学校及社会福利机构的代表一同出席启动典礼,共送出机票1100张。

附录4：乘客感谢信摘录

感谢信

致香港航空公司：

谢谢香港航空的每位服务人员！

7号晚上一通香港航空公司的来电，得知家父因胃痛无法回台湾，要改搭第二日的班机返回，电话里还请我们放心。但是计划永远赶不上变化，当晚父亲身体突发异样，香港航空的陈伟昭和其他同仁打电话给我们，告知家父必须在玛嘉烈医院开刀，需要家属的签名同意。在香港航空全程安排带领下，我们从入境到机场上飞机再到医院，尤其是陈丽雯副经理和张惠芬经理，安排钟沛桦带我们赶赴医院，顺利与家父会合。

陈丽雯副经理和张惠芬经理每天都到医院探视，慰问家父，林先生还帮助我们安排住宿。在他乡能得到这样的帮助真的很感动！！！

在家父住院的5天里，除了焦急和担心外，有了你们的陪伴和帮助，我们安心了许多。出院时，为了让家父免于受累，安全上机，就连小行李你们也不厌其烦地帮忙拿，让我们无后顾之忧。万分感谢香港航空的安排，让我们在贵宾室休息，而且直接升舱。用心的安排感谢在心！

之前来香港是转机，这次来是因为父亲开刀，心情复杂也印象深刻。感谢老天的保佑让86岁的家父顺利出院，谢谢香港航空所有工作人员的帮助！有机会一定会和家人一起再搭乘香港航空的飞机来香港游玩，谢谢你们！尤其是陈副经理、张经理，还有林先生、陈先生，谢谢你们！感恩的心情永生难忘。家父今天拆线了，一切安好，万分感谢。

何龙梅 敬上

2015年4月18日

感 谢 信

致香港航空董事长：

5月22日，我和妻子还有儿子一家三口在早上7：40搭乘了从香港飞往北京的HX336次航班。

在飞机驶离香港的三十分钟后，我儿子因为过度换气而产生了身体上的不适，他感到四肢无力，呼吸不畅。

在事情发生之后，我们得到了所有空乘人员的大力帮助，特别是陈小姐的帮助。陈小姐是第一个听到我们呼叫的人，她及时走到我们的位置，并查看发生了什么情况。她温柔体贴地安抚着我的儿子，并很快意识到我儿子的症状可能是来自乘坐飞机时产生的精神压力。陈小姐很快将我儿子的注意力从呼吸困难转移到其他地方。在经过我们的同意后，她给我儿子带上了氧气面罩（但是并没有打开氧气瓶的开关）以便给他提供心灵上的抚慰。

其他的空乘人员告知副驾驶员我们需要专业的医疗帮助，于是驾驶员便即刻联系地面上的医生寻求帮助。除此之外，陈小姐还不断地仔细观察我儿子的生命体征。她和其他热心的乘客协调后，将我儿子安顿在三连座上，并轻轻地抚摸他的头，帮助他放松和休息。

在所有空乘人员的热情帮助下，我儿子的情况逐渐好转，所以我们婉拒了让救护车在地面上做提前准备的好意。我们很感谢驾驶员在这样的紧急情况下提供的一切帮助。

为了让我儿子同意去北京的医疗机构接受治疗，在飞机降落之后，陈小姐和其他空乘人员一直陪我儿子聊天以舒缓他的情绪。

5月29日，在我们从北京返回香港的航班上，香港航空的乘务员主动向我们保证了他们已做好了一切的准备以防意外发生。

对于香港航空的员工之前做出的帮助，我们满怀感激之情，对于那次意外的发生，我们也感到很抱歉。2016年的5月22日，是我们第一次乘坐香港航空的航班，但将来我们还会选择香港航空，并且不会再在飞机上发生过度呼吸等意外情况。衷心感谢！

谨上。

Raymond H.O.
2016年6月8日

感 谢 信

尊敬的香港航空的同仁：

你们好，午安！

在写这封信之前，我并不知道自己会与这次来势汹汹的台风"妮妲"联系在一起，而且还会与香港航空在杭州的各位同仁联系在一起。因为你们的专业和敬业，让我不得不写一封致谢信，以表达我的感谢！

因为工作的原因，我经常往返于香港、杭州以及上海等城市之间。7月28日，我按照惯例选择了香港航空的班机HX112飞赴杭州。由于我在7月初刚做过耳膜手术，虽然并不影响乘坐飞机，但偶尔会有晕厥的情况发生，结果是没有能够及时赶到登机闸口，误了飞机。随后我又购买了港龙航空的机票飞抵杭州。

在回程时，之前我已订了香港航空的返程机票，是8月2日的HX229航班，但得到售票部门的答复却是我的机票已经作废，原因是第一段没有使用。我再三解释了我的困难和理由，然而得到的最终答复仍是不可以。

因为台风的关系，我致电了香港航空，查看航班是否正常，结果得知大部分航班已经取消。香港航空的工作人员又为我规划了行程，并建议我退票或改签到天气好的时间再出发，我也把我的机票未能使用的情况告诉了机场的服务人员，期待他们的答复，但是得到的说法是，因为晚上积压的航班非常多，乘客也非常多，而且我的机票属于跳段使用，按照规定不可以使用。

晚上，我心灰意冷，决定前往机场购买其他航空公司的机票。来到售票柜台，又得知除了香港航空，其他公司均没有办法购入机票。随后，我又联系机场的负责人官先生，他和另外一位同事亲自来柜台找我，并询问具体的情况。我再次解释了我的请求，并希望可以尽早回香港继续治疗头晕病。

经过香港航空官先生和其他几位同事的协商，最后我终于如愿以偿，获得了最后一个宝贵的座位准备返回香港。然而，天公不作美，当天晚上杭州雷雨交加，在候机厅等候的时候，所有的公司都已经取消航班。此时已经是凌晨1点钟，香港航空的同事们还在给乘客分发盒饭，在我们隔壁的5号闸口是去台北的乘客，因为饥饿难耐，他们中的很多人也过来领取盒饭，但是因为盒饭需要凭登机牌领取，他们就找香港航空的同事寻求帮助，发现问题之后，工作人员就给老人和小孩留下了一些苹果和饮料。

到了凌晨2：20，天气转好，我们终于可以登机了，在登机闸口，我询问了香港航空的工作人员，为什么要给其他公司的乘客分发餐食？他们说，这个时候尽管不是我们的乘客，但是也不能眼看他们饿着，能帮一点是一点吧。我当时真的非常感动，因为我觉得他们就是公仆。

谢谢香港航空杭州外站的官先生以及当天的所有工作人员，你们的辛勤和敬业打动了所有人，没有你们的努力，就没有我的顺利出行，感谢！！！

香港大学深圳医学院

王皓鸣

2016年8月

附录 5：
员工感言摘录

作为专业的空服人员，每一次的飞行除了要为乘客提供安全舒适的服务，更令我们有满足感的是每位客人下飞机时的满意笑容！让他们有种置身于家中的安逸感，为他们想多一步、做多一步，这就是我们的服务承诺！欢迎每位乘客来我们的"家中"作客！

乘务长：林玲芳

每次飞行，我都会不时地鼓励团队用至温馨至真诚的服务展露于乘客面前。我常常规劝他们要以最大的忍耐力去面对并化解种种不如意。脸上常挂着温暖的微笑是与乘客沟通并建立彼此关系的最佳工具。我相信这些工作方式是空中服务的重要元素。

乘务长：周颖儿

优质的服务不只是要回应乘客的需要，更要将心比心地投入乘客的角色去了解他们的需要。

乘务员：何睿雁、何嘉琪

时光飞逝，不知不觉当空中服务员已满十周年，我的热情并没有减退。我相信一个温暖的笑容可以融化每个乘客，并拉近人与人之间的距离。祝愿所有乘客都有一个舒适和放松的旅程。

我十分热爱飞行，我爱我的工作！

乘务员：邝颖琪

担任香港航空的乘务员近三年，每一个航班、每一次能与乘客相处的机会都值得珍惜，能够令他们感到暖心和满意是我的坚持。我一直相信，好的服务态度不仅限于跟着完善的服务流程走，作为服务者我会将乘客当成家人，我会关心他们的身体健康，关心他们的感受。特别是一些长者和小孩，我会主动留意他们在航班上的情况，尽力为他们提供最舒服、最安全的旅途。有时候，即使是一个发自内心的笑容、一杯温水，已经暖透人心。

我坚持只要穿上制服，我就是专业的乘务员，代表着公司，代表着香港！我有的是一份对服务的热情与执着。我很感谢香港航空给我发展的机会。

乘务员：叶芷欣

记得第一次正式见到公司总裁时，他举起拇指对我们这一群职场新人说："你们现在来到了香港航空，是最刚好的时刻。"

在香港航空踏进第十个年头之际，我加入了公司，成为新一届的管理培训生，有机会到公司各大部门实地了解，让我更全面地理解整个公司的架构和运作。对于公司迅速的发展，我感受到同事们的兴奋和热情。

在短短的一个月里，我更了解到自己的不足。的确，我们年轻、满腔热血，但我们更要虚心学习，武装自己，回馈公司。这是个刚好的时刻，让我们与香港航空一同成长，共建更灿烂、更美好的未来。

管理培训生：卜咏彤

初进公司时，总裁曾经对我们说，"在一家发展迅速的公司所学到的，肯定媲美一个工商管理硕士课程"。

一年过去了，在我看来此话是谦虚了。成为管理培训生的短短一年，我不但学会了航空业的各种专业知识，更经历了许多许多：跟管理层参与公司年度会议；跟负责营运的同事开了连续12个小时的会议，以安排火山爆发和台风期间的航班保障事宜；参加了大大小小的培训，以装备自己，迎接未来十年的新挑战。在香港航空，我感受到的是无尽的可能。

在工作里体会最深的就是各个团队在解决问题时不分你我、通力合作，共同为乘客提供更贴心更优质的服务，这将令公司的发展不断向前。

管理培训生：陈宝珊

附录 5：
员工感言摘录

对航空业的热爱，是十多年前看《冲上云霄》时萌芽的。时光荏苒，今年有幸加入了香港航空，成为新一届的管理培训生。当年电视对白中的航空术语，今天则成了日常接触的工作。

在过往的几个星期，公司投放了大量资源让我们到公司各个一线、后援的部门学习，令我们对香港航空的运作有了更深入的了解，同时也体验到航空业的专业、活力和挑战性。

随着公司迈向十周年这个里程碑，我相信公司的发展也会一日千里。我们这群年轻人定会带着热诚、冲劲、创意，解决伴随而来的挑战，为公司缔造另一个光辉十年，使香港航空继续冲上云霄。

管理培训生：黄诺骞

我自幼因为家庭的缘故，经常需要乘坐飞机，因而与航空业结下了不解之缘。正因如此，我刚一毕业就进入了一家航空公司工作，这就是香港航空。

我的岗位是管理培训生，虽然有别于其他走在一线的员工，但是我却深受公司 PEOPLE 文化的影响，其中的 E（Extra）更深深地影响着我的工作。Extra 的中文意思就是多走一步，在日常工作里，如何可以做到呢？譬如在做报告时，我会提供额外的参考资料；在部门轮岗时，除了部门要求的工作外，我还会提供一些部门的改进方案给领导。我相信，只要每人在自己的岗位上"多走一步"，香港航空未来的道路必定更加辉煌！

管理培训生：江家明

致　谢

　　本书记录了香港航空十年创业路中，服务创新的点点滴滴。在记录下书里面一个个小故事的过程中，让我感受到了在平凡的岗位上追求不平凡的专业精神与服务精神；也让我感受到了一家年轻的公司汇聚人的力量，创造出别具一格的服务文化；更让我感受到了关爱他人、敢于担当的温暖与责任。写作本书的过程，就是一次愉快而特别的旅行。感谢一路提供帮助和支持的人们！

　　由衷感谢香港航空公司的管理层和员工在繁忙的工作之余，能够接受我们的访谈，并且为本书写作提供大量的材料和图片。香港航空的同事们让我们对香港航空有活力的服务有了更全面、更深刻的理解。特别要感谢接受访谈及提供素材的各位同仁，他们分别是：孙剑锋、王利亚、王证皓、李殿春、汤卫平、邱志威、战学伟、庄兆祥、姚祺、赵艺川、郭雅骏、吴淑君。

　　同时也要感谢为本书提供丰富素材的服务与地面服务公司的广大同仁：简浩贤、陈丽雯、曾兴敏、郭徽、黎锡球、梁国华、冯丽仪、雷雨云、冯嘉怡、潘智康、刘伟业、康春楠、高英艺、杜旻殷、傅嘉宝、李仲欣、李淑茵、卢颖怡、谭慧娜、刘莉莉、黄楚恩、吴希扬、区芷婷、夏沛雯、杨煦铭、黄一峯、邝颖琪、林淑婷、曾熙怡、何欣澄、何嘉明、朱凯薇、叶芷欣、张德莹、李芷颖、刘家华、梁秀燕、陈碧琪、王旖靖、吴子欣、许君慧、许秋瑜、周颖儿、林美婷、谭芷盈、杨绮汶、梁嘉祺、林玲芳、吴楚珍、马顺仪、何睿雁、何嘉琪、王学霖、何伟文、余戬阳、袁美婷、陆泳仪、张佩佩、钟美仪、李嘉希、吴蔚莹、陈键坤、叶曾敏、陈启豪、魏凤丽、杜泳芝、庞崇勋、李永如、张颖、章少君、郑卓琳。除上述同事以外，还有很多其他同事给我们提供了帮助，在此一并感谢！

我也非常感谢北京大学出版社的编辑们，尤其是北京大学出版社经济与管理图书事业部林君秀主任、刘京编辑以及她们的同事们。感谢她们为本书顺利出版做了大量的工作和努力。

本书在构思、写作过程中，得到了北京大学市场营销系彭泗清教授、香港城市大学市场营销系周南教授的指导。北京大学市场营销系博士生阮晨晗、李慧中、李可诣对本书提出宝贵的修改意见。尽管本书得到了专家们的指导，但作者才疏学浅，对书中不当之处负完全责任。

最后感谢北方工业大学青年拔尖人才项目、北方工业大学工商管理优势学科建设基金的支持；感谢研究团队成员闫梦、石明和童泽鹏的大力协助，也感谢家人的付出，让我全身心投入到本书的写作之中。

2016 年 10 月 3 日
于北京大学